바이블하우스

머리가 좋아지는 창의력 성경

꼭꼭 씹어 먹는 신약 2

초판 1쇄 인쇄 | 2011년 3월 25일
초판 3쇄 발행 | 2018년 10월 25일

지은이 | 차영회
펴낸이 | 박종태
펴낸곳 | 바이블하우스
등 록 | 2016년 6월 29일(제410-251002010000194호)
주 소 | 경기도 고양시 일산서구 송산로 499-10
전 화 | (031) 907-3927
팩 스 | (031) 905-3927
전자우편 | visionbooks@hanmail.net
디자인 | 참디자인(02) 3216-1085

보급처 | (주)비전북 (031) 907-3927

ISBN 978-89-965295-9-0 63230
(세트) 978-89-965295-7-6 63230

『꼭꼭 씹어 먹는 성경시리즈』 발행계획

	구분	꼭꼭 씹어 먹는 성경시리즈	내용
1	구약 7권	꼭꼭 씹어 먹는 구약 1 창세기	창세기
2		꼭꼭 씹어 먹는 구약 2 출애굽기, 레위기, 민수기	출애굽기, 레위기, 민수기
3		꼭꼭 씹어 먹는 구약 3 신명기, 여호수아, 사사기, 룻기	신명기, 여호수아, 사사기, 룻기
4		꼭꼭 씹어 먹는 구약 4 사무엘, 열왕기	사무엘상하, 열왕기상하
5		꼭꼭 씹어 먹는 구약 5 역대기부터 에스더까지	역대상하, 에스라, 느헤미야, 에스더
6		꼭꼭 씹어 먹는 구약 6 욥기부터 예레미야까지	욥기, 시편, 잠언, 전도서, 이사야, 예레미야
7		꼭꼭 씹어 먹는 구약 7 에스겔부터 말라기까지	에스겔, 다니엘, 호세아, 요엘, 아모스, 요나, 미가, 오바댜, 나훔, 학개, 하박국, 스바냐, 스가랴, 말라기
8	신약 5권	꼭꼭 씹어 먹는 신약 1 예수님이야기 1 (4복음서)	마태복음, 마가복음, 누가복음, 요한복음
9		꼭꼭 씹어 먹는 신약 2 예수님이야기 2 (4복음서)	마태복음, 마가복음, 누가복음, 요한복음
10		꼭꼭 씹어 먹는 신약 3 사도행전	사도행전
11		꼭꼭 씹어 먹는 신약 4 로마서부터 에베소서까지	로마서, 고린도전후, 갈라디아서, 에베소서
12		꼭꼭 씹어 먹는 신약 5 빌립보서부터 요한계시록까지	빌립보서, 골로새서, 데살로니가전후, 디모데전후, 디도서 빌레몬서, 히브리서, 야고보서, 베드로전후, 요한 1,2,3서, 요한계시록
전체	신·구약 66권 전권		306과 (구약 176과 + 신약 130과)

꼭꼭 씹어 먹는 성경 시리즈를 내면서

'아이들이 성경을 즐겁게 배울 수는 없을까?'

지금부터 13년 전, 아빠로서 두 아이에게 성경을 가르쳐야겠다고 생각하면서부터 이런 고민을 하게 되었습니다. 그래서 '즐겁고 재미있는 성경 공부'에 대한 연구를 시작했습니다. 처음에는 어설프게 만든 성경 교재로 필자의 아이들에게 시험 삼아 가르쳤습니다. 그리고 같이 참여하기를 원하는 부모들과 아이들이 늘어나면서 아이들 눈높이에 맞는 교재를 만들기 위해 더욱더 노력해왔습니다. 10년이 넘는 동안 500여 개 교회의 많은 부모와 아이들이 짧게는 한 달부터 길게는 6년 동안이나 이 교재를 가지고 성경을 공부할 수 있었고, 그 과정을 통해 수렴된 의견들을 반영하여『꼭꼭 씹어 먹는 성경 시리즈』를 발행하게 되었습니다.

이 책의 학습효과는 다음과 같습니다.

첫째, 기억력을 향상시킵니다.

이 책의 독특한 학습방법과 요절암송카드로 기억력을 향상시킬 수 있습니다.

둘째, 창의력과 상상력을 키워줍니다.

열린 질문과 다양한 학습방법을 통해 창의력을 키워 주며, 그림 그리기와 성경 본문의 상황에 자신을 대입하는 질문을 통해 호기심과 상상력을 키워 줍니다.

셋째, 사고력, 집중력, 문장력을 길러줍니다.

깊은 생각을 요구하는 질문과 흥미로운 활동으로 사고력과 집중력을 길러 주며, 이 책의 프로그램에 따라 공부하다 보면 자연스럽게 글짓기 능력이 향상됩니다.

넷째, 진리를 발견하고 은혜를 받습니다.

가장 큰 학습효과는 『꼭꼭 씹어 먹는 성경 시리즈』를 재미있고 즐겁게 공부하면서 스스로 성경 속에 숨겨진 진리를 발견하고 은혜를 받는다는 것입니다. 필자가 처음으로 가르쳤던 딸아이는 대학생이 되었는데 매일 말씀을 묵상하는 즐거운 습관을 갖게 되었습니다. 이를 보면서 필자는 어려서 성경 교육이 매우 중요하다는 것을 새삼 깨닫게 됩니다.

이 책이 만들어지기까지 많은 분들의 수고가 있었습니다. 이론적 근거를 지도해 주신 윤화석 · 유명복 · 김선요 교수님, 본문의 신학적 검토를 해 주신 정기영 · 이성진 · 강신태 목사님, 함께 내용을 고민해 준 한기호 · 마병식 · 유민정 · 백진희 선생님, 자녀들에게 직접 가르치며 함께 참여했던 전국의 많은 '성경공부방' 어머니들입니다.

『꼭꼭 씹어 먹는 성경 시리즈』는 아이들이 매일 1과씩 공부하면 1년에 성경 전체를 마칠 수 있도록 계속해서 발간될 것입니다. 하나님께서 베푸시는 은혜 가운데 이 일이 잘 진행될 수 있도록 기도해 주시면 감사하겠습니다.

말씀으로 행복한 아이, 행복한 부모를 꿈꾸며
2011년 3월
차 영 회

꼭꼭 씹어 먹는 예수님 이야기 2 구성 예

* 교사용 지도 지침서는
아래 사이트를 참고하세요.
http://cafe.daum.net/bibleboy

본문 핵심 말씀 요절
(외우기로 활용)

동화 형식으로 재구성된
이해하기 쉽고
재미있는 본문

그림
(본문의 내용을 상징적으로
표현)

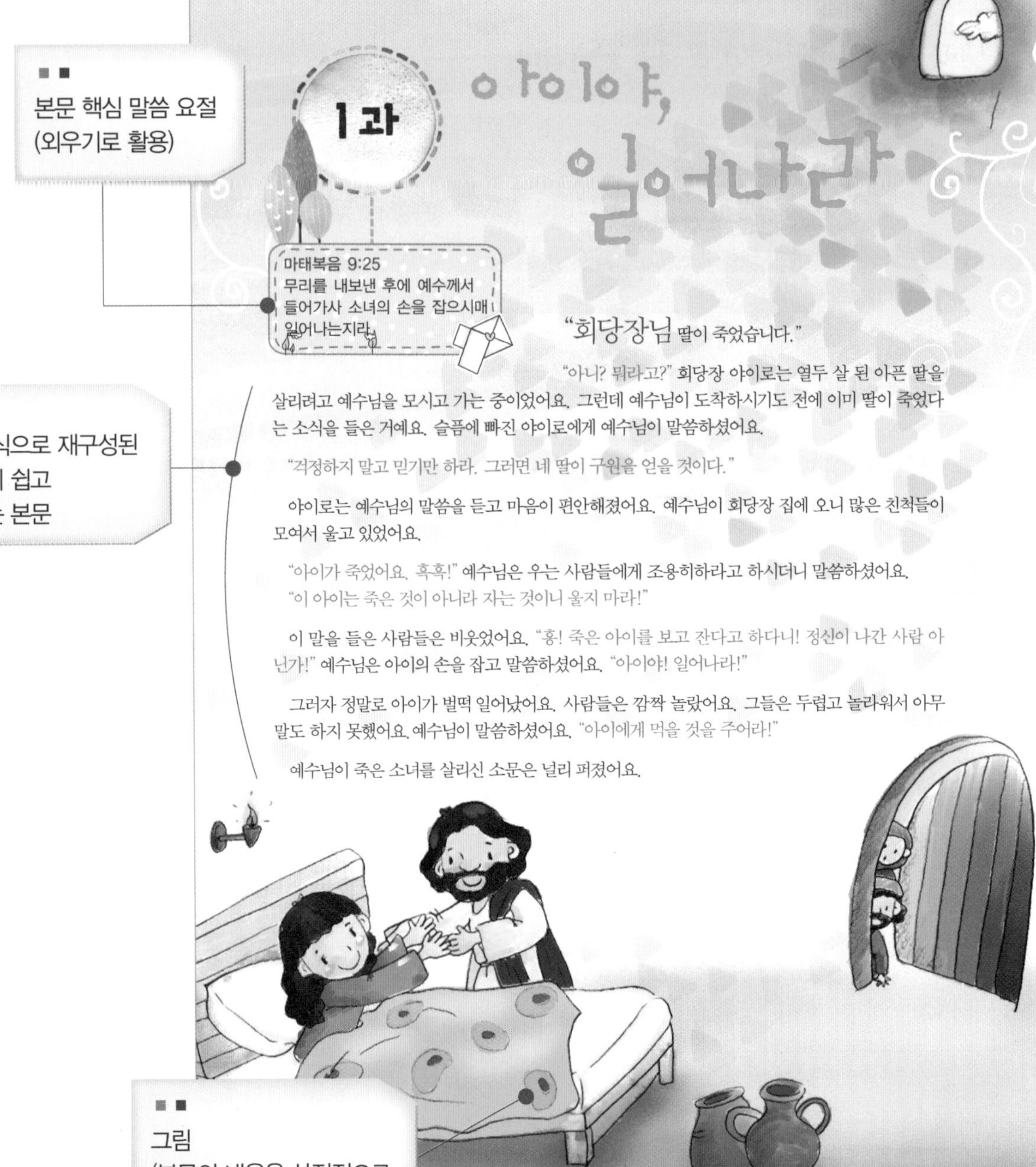

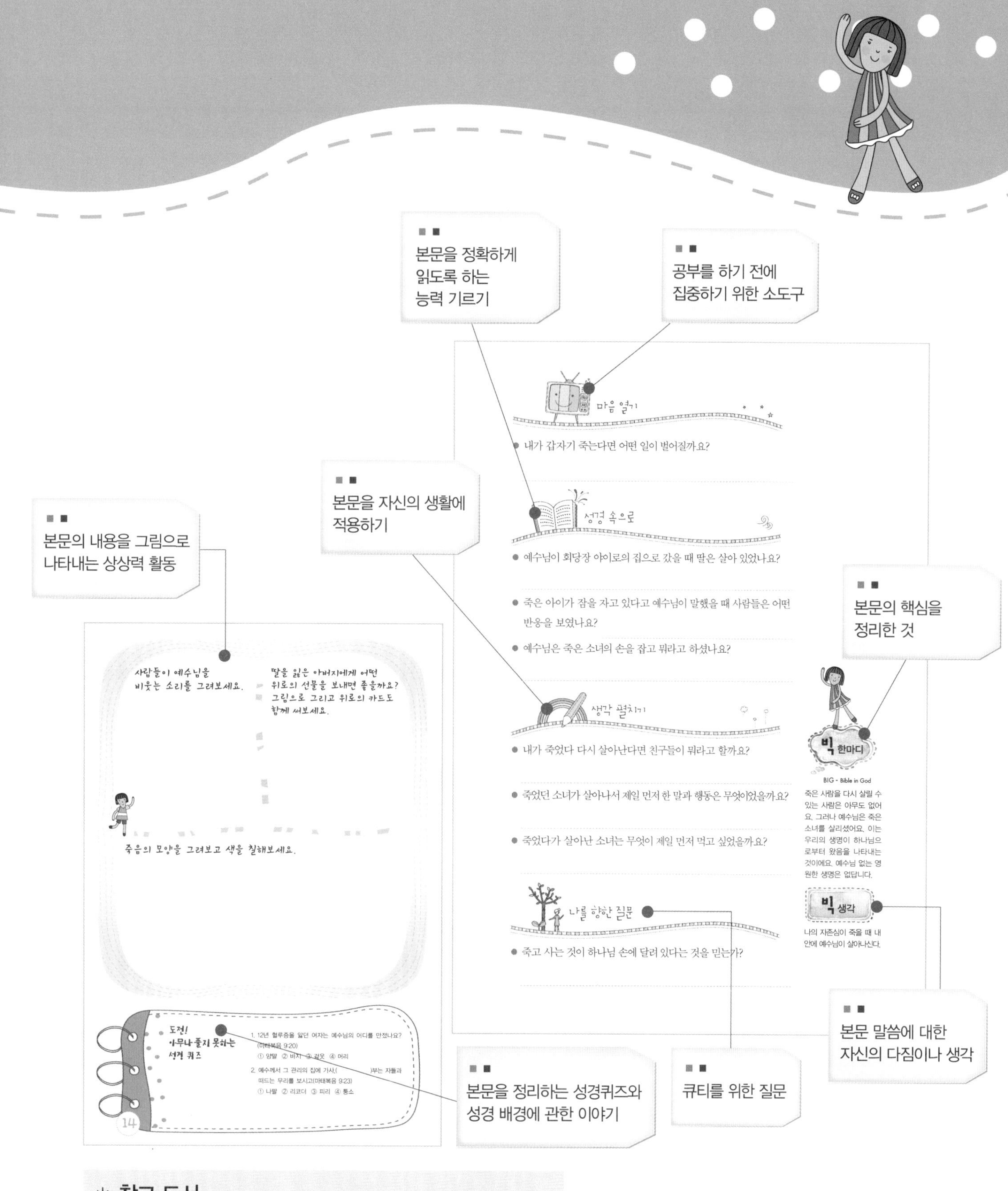

* 참고 도서

1. 김경진, 『복음서–행전 연구 강의안』, 백석대학교신학대학원
2. 홍인규, 『바울신학 사색』, 미래서원
3. 레온 우드, 『이스라엘의 역사』, 기독교문서선교회
4. 신약개론, 『D. A 카슨. 더글라스』, 은성
5. 김흔중, 『성서의 역사와 지리』, 엘맨

차례

아이야, 일어나라

누가복음 8:54
예수께서 아이의 손을 잡고 불러 이르시되 아이야 일어나라 하시니

"회당장님 딸이 죽었습니다."

"아니? 뭐라고?" 회당장 야이로는 열두 살 된 아픈 딸을 살리려고 예수님을 모시고 가는 중이었어요. 그런데 예수님이 도착하시기도 전에 이미 딸이 죽었다는 소식을 들은 거예요. 슬픔에 빠진 야이로에게 예수님이 말씀하셨어요.

"걱정하지 말고 믿기만 하라. 그러면 네 딸이 구원을 얻을 것이다."

야이로는 예수님의 말씀을 듣고 마음이 편안해졌어요. 예수님이 회당장 집에 오니 많은 친척들이 모여서 울고 있었어요.

"아이가 죽었어요. 흑흑!" 예수님은 우는 사람들에게 조용히하라고 하시더니 말씀하셨어요.
"이 아이는 죽은 것이 아니라 자는 것이니 울지 마라!"

이 말을 들은 사람들은 비웃었어요. "흥! 죽은 아이를 보고 잔다고 하다니! 정신이 나간 사람 아닌가!" 예수님은 아이의 손을 잡고 말씀하셨어요. "아이야! 일어나라!"

그러자 정말로 아이가 벌떡 일어났어요. 사람들은 깜짝 놀랐어요. 그들은 두렵고 놀라워서 아무 말도 하지 못했어요. 예수님이 말씀하셨어요. "아이에게 먹을 것을 주어라!"

예수님이 죽은 소녀를 살리신 소문은 널리 퍼졌어요.

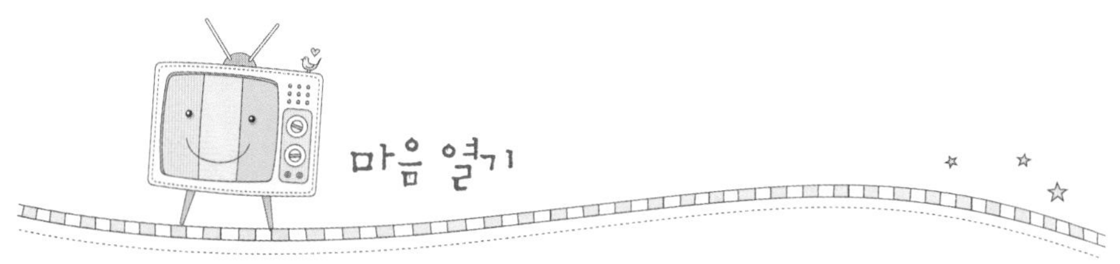

● 내가 갑자기 죽는다면 어떤 일이 벌어질까요?

● 예수님이 회당장 야이로의 집으로 갔을 때 딸은 살아 있었나요?

● 죽은 아이가 잠을 자고 있다고 예수님이 말했을 때 사람들은 어떤 반응을 보였나요?

● 예수님은 죽은 소녀의 손을 잡고 뭐라고 하셨나요?

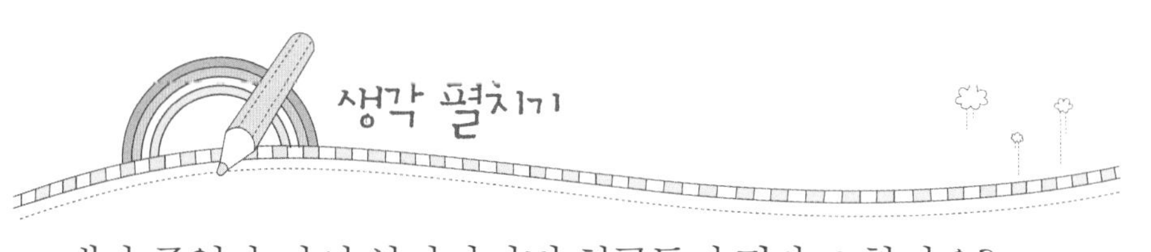

● 내가 죽었다 다시 살아난다면 친구들이 뭐라고 할까요?

● 죽었던 소녀가 살아나서 제일 먼저 한 말과 행동은 무엇이었을까요?

● 죽었다가 살아난 소녀는 무엇이 제일 먼저 먹고 싶었을까요?

● 죽고 사는 것이 하나님 손에 달려 있다는 것을 믿는가?

BIG - Bible in God

죽은 사람을 다시 살릴 수 있는 사람은 아무도 없어요. 그러나 예수님은 죽은 소녀를 살리셨어요. 이는 우리의 생명이 하나님으로부터 왔음을 나타내는 것이에요. 예수님 없는 영원한 생명은 없답니다.

나의 자존심이 죽을 때 내 안에 예수님이 살아나신다.

사람들이 예수님을 비웃는 소리를 그려보세요.

딸을 잃은 아버지에게 어떤 위로의 선물을 보내면 좋을까요? 그림으로 그리고 위로의 카드도 함께 써보세요.

죽음의 모양을 그려보고 색을 칠해보세요.

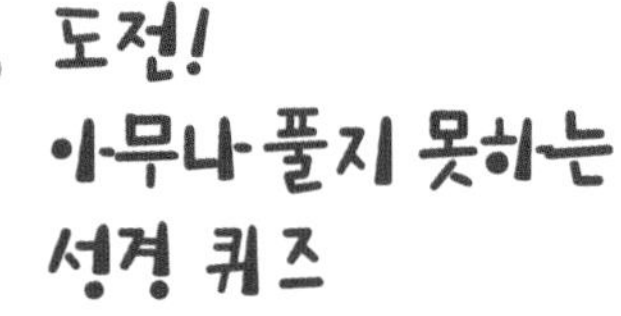

1. 12년 혈루증을 앓던 여자는 예수님의 어디를 만졌나요? (마태복음 9:20)
   ① 양말 ② 바지 ③ 겉옷 ④ 머리
2. 예수께서 그 관리의 집에 가사,(   )부는 자들과 떠드는 무리를 보시고(마태복음 9:23)
   ① 나팔 ② 리코더 ③ 피리 ④ 퉁소

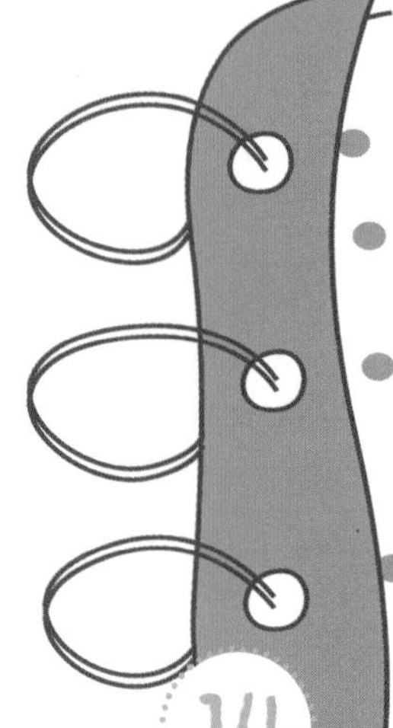

오병이어

마태복음 14:20
다 배불리 먹고 남은 조각을
열두 바구니에 차게 거두었으며

빈 들에서 예수님은 말씀을 전하고 병든 자들을 고치셨어요. 사람들은 배고픈 줄도 모른 채 예수님의 말씀을 듣고 있었지요. 어느덧 저녁때가 되었어요.

"예수님, 사람들이 종일 아무것도 먹지 못했습니다." 제자들의 말에 예수님이 말씀하셨어요. "너희들이 가서 먹을 것을 구해 오너라!"

"아니, 이렇게 많은 사람들에게 먹을 것을 주라고요?"
제자들은 사람들도 너무 많고 돈도 없다고 불평을 했어요. 예수님이 말씀하셨어요.
"사람들 중에 먹을 것을 가지고 있는 사람이 있는지 알아봐라."

조금 뒤에 안드레가 보리떡 다섯 개와 물고기 두 마리를 가지고 왔어요. 어린 아이가 점심으로 싸 가지고 온 거예요. "사람들을 50명씩 앉게 하라."
예수님의 말씀대로 제자들은 사람들을 무리지어 앉게 했어요. 예수님이 기도하셨어요.

"하나님 아버지, 우리에게 먹고도 남을 만큼 양식을 주셔서 감사합니다."
그러고는 제자들에게 떡과 물고기를 사람들에게 나눠주라고 하셨어요.

"와! 이럴 수가!" 떡과 물고기를 나눠주던 제자들과 이것을 받던 사람들은 모두 놀랐어요. 성인 남자들만 세어도 5천 명이었는데 모두 배불리 먹고 열두 광주리나 남았거든요.

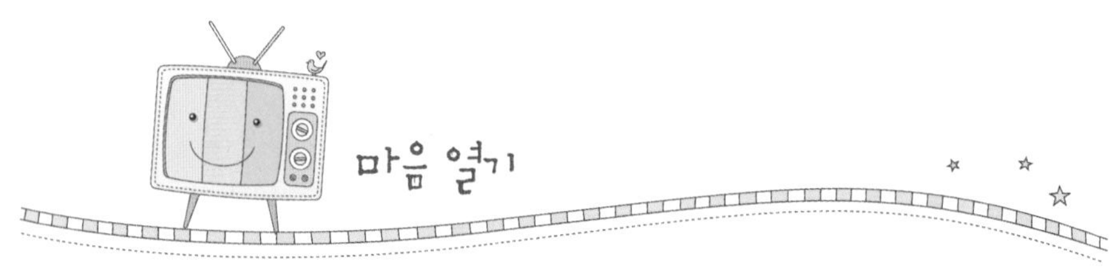

● 빵 하나를 어떻게 하면 많은 사람들이 함께 먹을 수 있을까요?

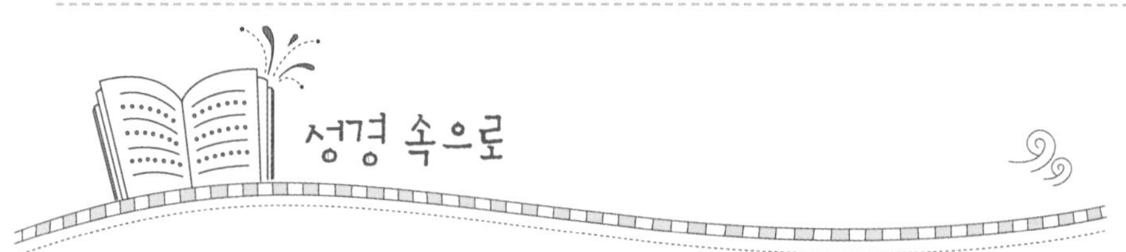

● 보리떡 다섯 개와 물고기 두 마리를 가져온 사람은 누구인가요?

● 사람들은 몇 명씩 무리를 지어 앉았나요?

● 떡과 물고기는 5천 명이 먹고 얼마나 남았나요?

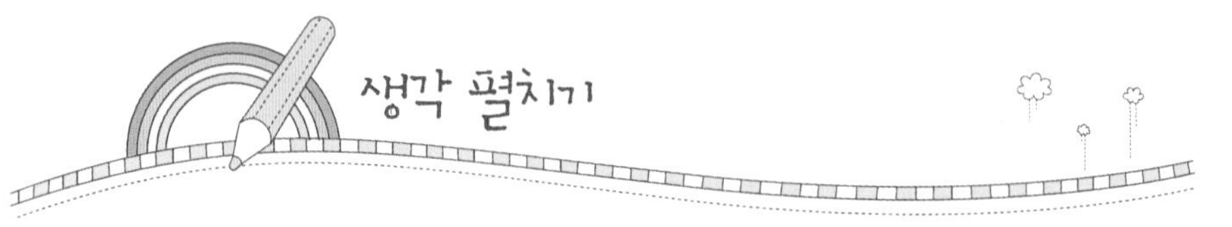

● 사람은 빵(음식)만 먹고 살 수 있을까? 없다면 빵 말고 어떤 것을 먹어야 하나요?

● 5천 명이 배불리 먹은 빵과 물고기를 돈으로 계산하면 얼마나 될까요?

● 비록 가진 것은 적지만 감사한 마음을 가질 때 어떤 일이 일어날까요?

BIG - Bible in God

오병이어의 기적은 어린 아이의 작은 손에서 일어났어요. 이는 내가 가진 것이 비록 적어도 다른 사람들과 나눌 때 기적이 일어난다는 것을 보여주는 거예요. 받을 때보다 내 것을 나눠줄 때 기쁨이 더 커진답니다.

● 내 것 중 어떤 것을 이웃에게 나누어줄 수 있는가?

적은 것이라도 서로 나눌 때 기쁨은 배로 커진다.

'오병이어'의 이야기를 만화로 그려보세요.

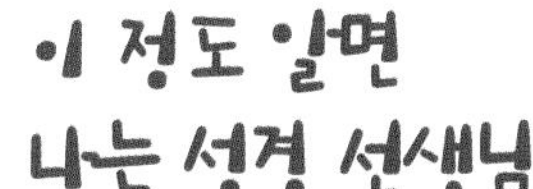

• 예수님 시대에도 학교가 있었을까?

지금 우리들이 다니는 그런 학교가 있었다는 증거는 없다. 그러나 형태는 다르지만 학교가 있었다. 이 역할을 회당이 담당했다. 회당에서는 글을 배우고 가르치는 일뿐 아니라 철학과 수학도 가르쳤다. 유대 사회에서 회당은 하나님 말씀과 신앙 그리고 역사의 전통을 배우는 학교였다.

3과 물에 빠진 베드로

마태복음 14:27
예수께서 즉시 이르시되, 안심하라 나니 두려워하지 말라

"너희들은 배를 타고 빨리 건너편으로 가라!"

오병이어의 기적을 본 백성들이 예수님을 왕으로 삼으려고 했어요. 그래서 예수님은 그곳을 떠나기로 하셨어요. 먼저 제자들을 배에 태워 보내고 예수님은 산으로 기도하러 가셨어요. 제자들이 배를 타고 가는데 갑자기 사나운 바람이 불어 배가 물에 빠질 듯이 흔들렸어요. 그런데 폭풍이 이는 바다 위를 누군가 걸어오고 있는 거예요.

"우앗! 유령이다!"

제자들이 놀라 두려워 떨며 배 밑바닥에 엎드렸어요. "무서워하지 말아라! 나다."

바다 위를 걸어온 사람은 예수님이셨어요. 예수님을 본 베드로가 말했어요.

"예수님 저도 물 위를 걷게 해주세요." "걸어오라!"

베드로는 배에서 바다로 뛰어내려 예수님을 향해 걸어갔어요. 그런데 물결을 바라보니 갑자기 무서워졌어요. 순간 베드로는 바닷속으로 빠졌어요.

"으악! 주님 살려주세요. 푸!"

예수님은 바로 손을 내밀어 베드로를 구하셨어요.

"베드로야, 왜 의심하느냐?"

베드로는 예수님을 온전히 믿지 못했기 때문에 물에 빠졌던 거예요.

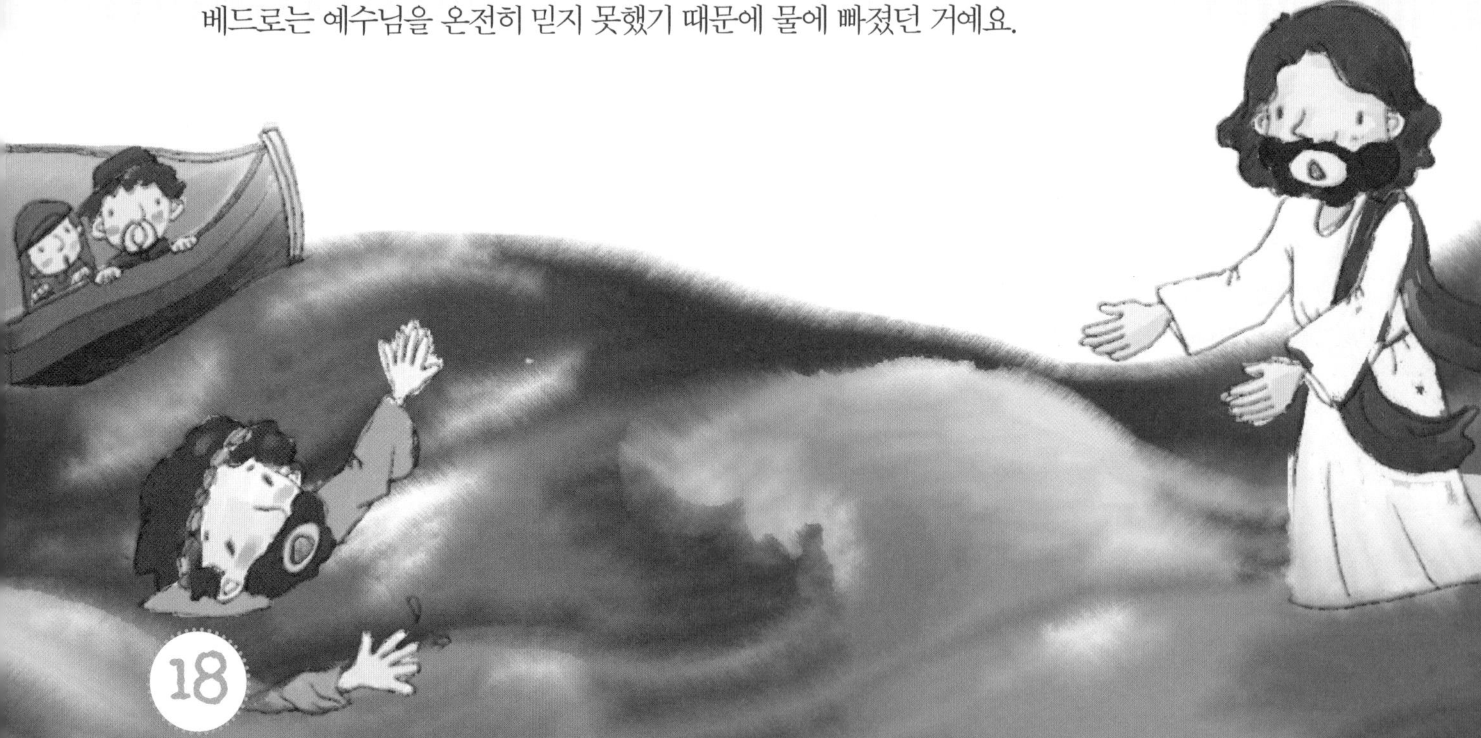

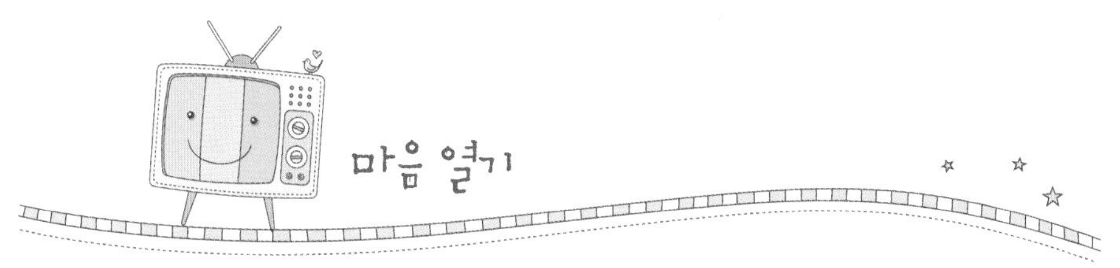

● 물위를 걸을 수 있는 방법에는 어떤 것이 있을까요?

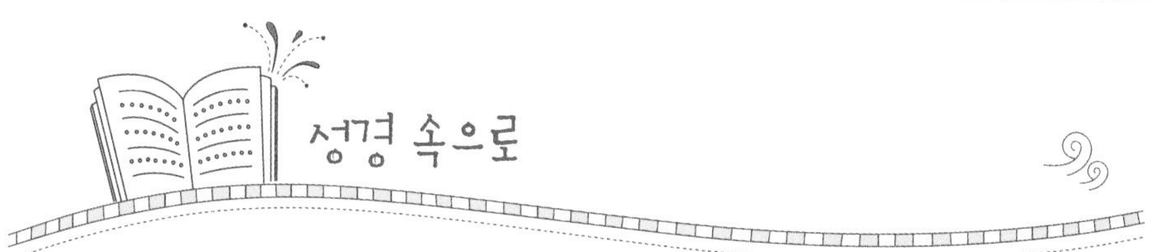

● 제자들은 무엇을 보고 놀랐나요?

● 바다에 빠진 사람은 누구인가요?

● 베드로는 왜 바다에 빠졌을까요?

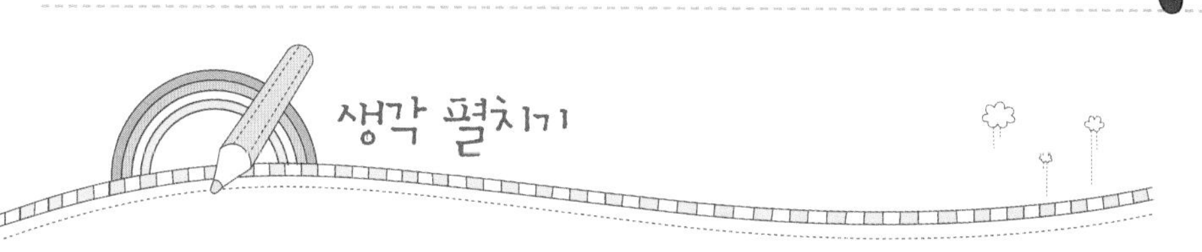

● 바다 위를 걸어오고 계시는 예수님을 만나면 뭐라고 할까요?

● 깊은 바다에 빠졌다면 어떻게 해야 할까요?

● 예수님이 나더러 바다 위를 걸어오라 하시면 어떻게 할까요?

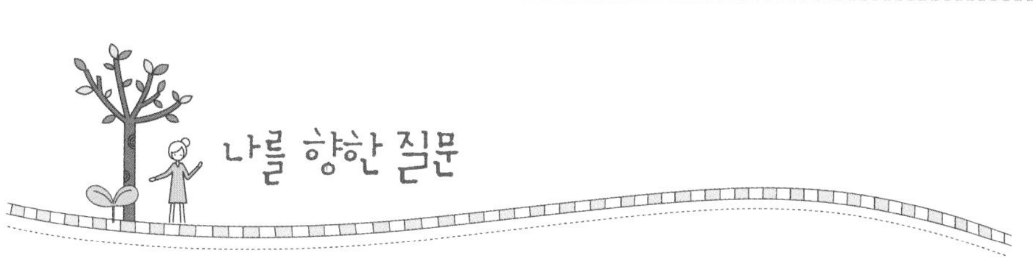

● 다른 사람이 어려움에 빠졌을 때 나는 그를 도와줄 수 있는가?

BIG - Bible in God

베드로가 바다에 빠진 것은 예수님을 바라보지 않고 풍랑을 바라보았기 때문이에요. 비록 지금 눈앞에 어려운 일이 있어도 두려워하지 말고 예수님만 바라보면 두려움이 사라지고 평안해질 거예요. 무섭고 겁이 날 때 예수님을 바라보세요.

파도보다 훨씬 큰 배에 타고 있다면 파도가 두렵지 않다.

다른 사람을 의심하는 마음에는 어떤
나무가 자라고 있을지 그려보세요.

두려워하는 마음을 그림으로 표현한다면
어떻게 그릴 수 있을까요?

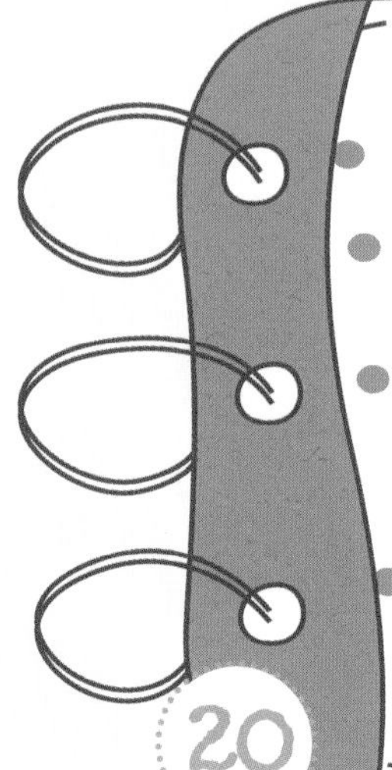

**도전!
아무나 풀지 못하는
성경 퀴즈**

1. 배에 있는 사람들이 예수께 절하며 이르되, 진실로 (　　　　) 이로소이다 하더라(마태복음 14:33)
   ① 우승자　　② 대장
   ③ 하나님의 아들　　④ 세상의 왕

2. 예수님이 바닷물 위를 걸으셨다는 것은 어떤 것일까요?
   ① 꾸며낸 이야기이다.
   ② 과학으로 증명할 수 없으므로 사실이 아니다.
   ③ 사실이다.
   ④ 제자들이 헛것을 본 것이다.

베드로의 고백

마태복음 16:16
주는 그리스도시요, 살아 계신 하나님의 아들이시니이다

“사람들이 나를 누구라고 하느냐?”

예수님이 가이사랴 빌립보 마을에서 제자들에게 물으셨어요. 죽은 사람도 살리고 온갖 병을 고치는 예수님을 사람들은 여러 가지 이름으로 부르고 있었어요.

“죽었다가 살아난 세례요한이라고 합니다.”
“바알 선지자와 싸워서 이긴 엘리야라고 합니다.”
“어떤 사람들은 눈물의 선지자 예레미야라고 합니다.”

제자들의 말을 다 들으신 예수님이 물으셨어요. “너희는 나를 누구라고 생각하느냐?”
제자들은 아무 말도 못했어요. 그때 베드로가 자신 있게 대답했어요.

“그리스도시며 살아 계신 하나님의 아들입니다.”
베드로의 대답을 들으신 예수님은 매우 기뻐하셨어요.

“네가 복이 있구나. 이것을 알게 하신 이는 하늘에 계신 내 아버지시니라. 이제부터 너는 바위(베드로)라고 불릴 것이다. 그 바위 위에 내 교회를 세울 것이다.”

그러나 예수님은 제자들에게 자신이 그리스도임을 알리지 말고 비밀로 하라고 하셨어요.
그리고 제자들에게 앞으로 고난을 받아서 죽게 될 것이고 다시 살아나실 것에 대해서 말씀하셨어요.

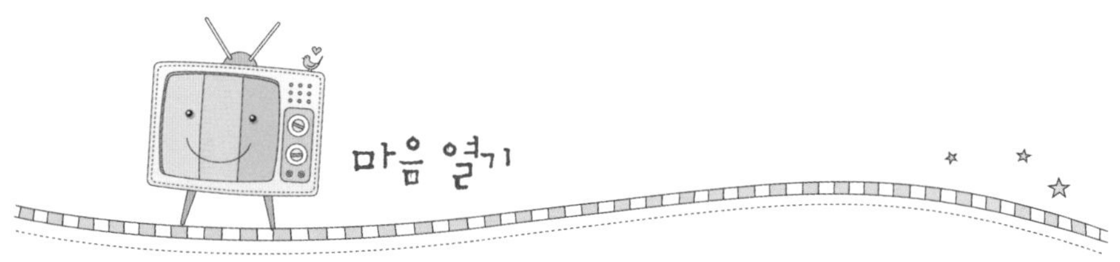

● 내 이름을 바꾼다면 무엇으로 할까요? 뜻도 설명하세요.

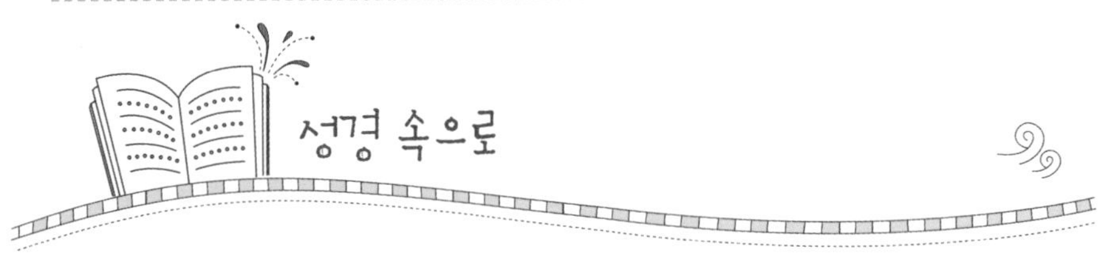

● 사람들은 예수님을 누구라고 했나요?

● 베드로는 예수님을 누구라고 고백했나요?

● 예수님은 제자들에게 무엇을 비밀로 하라고 하셨나요?

● 다른 친구들에게 예수님에 대해서 소개하는 글을 써보세요.

● 나는 예수님을 누구라고 생각하나요?

● 예수님은 나를 부르실 때 뭐라고 부르실까요?

● 나는 베드로와 같은 신앙고백을 할 수 있는가?

BIG - Bible in God

지금 예수님이 내게 "너는 내가 누구라고 생각하느냐?"라고 물으신다면 무엇이라고 대답할 것인가요? 망설이지 말고 "그리스도이시며 살아 계신 하나님의 아들입니다."라고 대답하자!

내 생각과 나의 모든 것을 하나님께 맡길 때 더 큰 지혜를 얻을 수 있다.

예수님을 사랑하는 내 마음을 그려보세요.

나의 믿음을 저울에 달아보세요.
몇 그램이나 될까요?

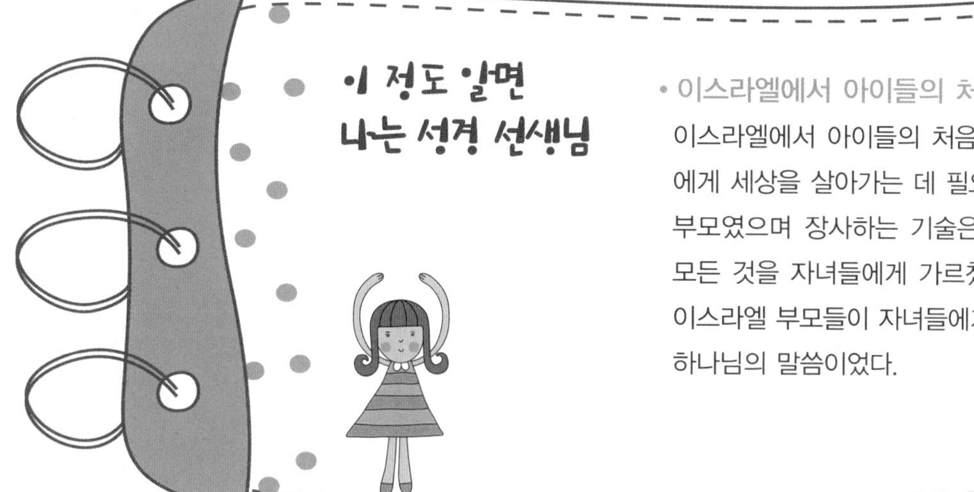

이 정도 알면 나는 성경 선생님

• 이스라엘에서 아이들의 처음 선생님은 누구였을까?

이스라엘에서 아이들의 처음 선생님은 부모였다. 즉 자녀들에게 세상을 살아가는 데 필요한 모든 것들을 가르친 사람은 부모였으며 장사하는 기술은 물론 자신이 부모로부터 배운 모든 것을 자녀들에게 가르쳤던 것이다. 그러나 무엇보다도 이스라엘 부모들이 자녀들에게 가장 중요하게 가르쳤던 것은 하나님의 말씀이었다.

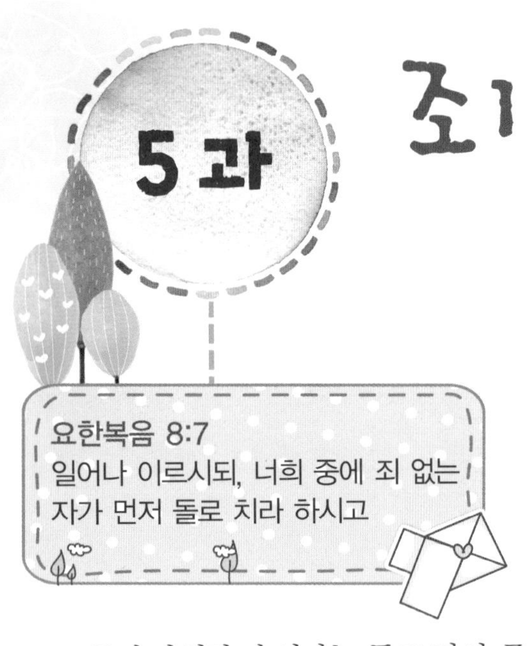

죄 없는 자가 먼저 치라

요한복음 8:7
일어나 이르시되, 너희 중에 죄 없는 자가 먼저 돌로 치라 하시고

“선생이여, 우리가 간음하다 들킨 여자를 잡아왔소. 모세의 율법에 따르면 이런 여자는 돌로 치라고 했는데 선생은 어떻게 하시겠소?”

그들의 말처럼 이 여자는 돌로 맞아 죽어야 하는 큰 죄를 지었어요. 그런데 바리새인들은 예수님은 시험하여 곰탕 먹일 속셈이었어요.

”돌로 치라.”고 하면 죄인을 구하러 오셨다는 예수님의 말씀에 어긋나는 것이고 “용서하라.”고 하면 율법을 어긴 것이므로, 그러면 그들은 재판장에게 고소하려고 생각했던 거예요. 예수님은 사람들이 자신의 큰 죄는 깨닫지 못하고 남의 죄를 탓하는 것이 안타까웠어요. 손가락으로 땅에 뭔가를 쓰시던 예수님이 말씀하셨어요.

“너희들 중에 죄 없는 사람이 먼저 저 여자에게 돌을 던져라!”

이 말을 들은 사람들은 슬금슬금 자리를 빠져나갔어요. 모여든 사람 중에서 죄 없는 사람은 하나도 없었기 때문이에요. 얼마 후 잡혀온 여자와 예수님만 남았어요.

“너를 잡아온 사람들은 어디로 갔느냐?”

“주님, 아무도 없습니다.”

여인은 부끄러워서 예수님의 얼굴을 바라볼 수 없었어요.

예수님은 부드러운 목소리로 말씀하셨어요.

“나도 너에게 죄를 묻지 않을 테니 다시는 죄를 짓지 말라.”

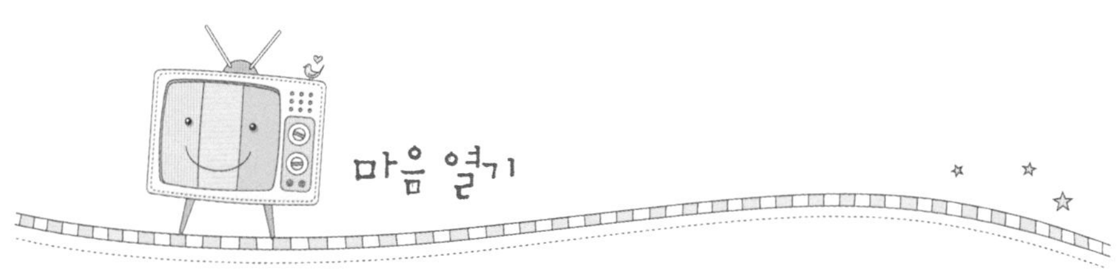

- '죄' 하면 무엇이 떠오르나요?

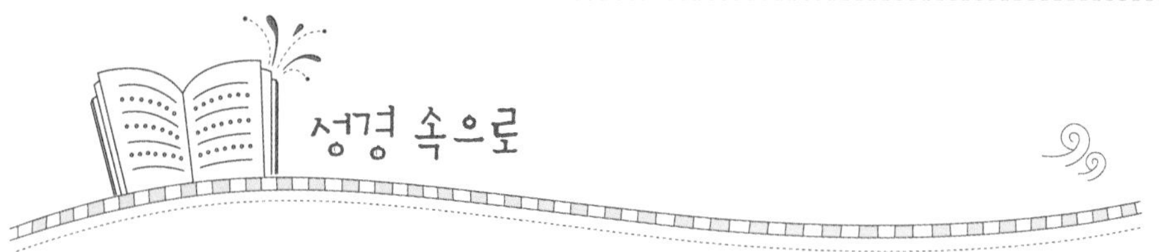

- 여자는 왜 잡혀왔나요?

- 바리새인들은 예수님을 누구에게 고소하려고 했나요?

- 여자를 돌로 치려던 사람들은 왜 도망쳤나요?

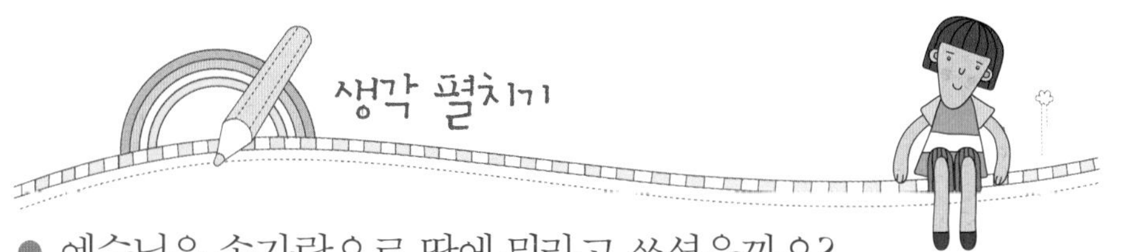

- 예수님은 손가락으로 땅에 뭐라고 쓰셨을까요?

- 집으로 돌아간 여자는 어떻게 살았을까요?
  ① 계속 죄를 지었을 것이다. ② 자기를 붙잡아갔던 사람들에게 복수했을 것이다. ③ 아니다. ______________________을(를) 것이다.
- 만약 내가 죄를 짓게 되었다면 어떻게 해야 할까요?
  ① 끝까지 숨긴다. ② 사람에게만 용서를 구한다. ③ 하나님께만 용서를 구한다. ④ 하나님과 사람 모두에게 용서를 구하고 회개한다.

- 다른 사람을 나의 기준으로 판단하여 죄인이라고 말하지 않는가?

BIG - Bible in God

간음한 여인은 분명 잘못했으므로 법에 따라서 벌을 받아야 해요. 그러나 사람들은 여인의 죄를 묻기 위해서 예수님께로 데려온 것이 아니라 예수님을 함정에 빠뜨리기 위해서 여인을 끌고온 거예요. 그러나 예수님은 사람들의 마음속에 숨겨진 죄를 드러나게 하시며 여인을 용서하시고 죄인이 죄인을 심판할 수 없음을 가르치셨답니다.

우리 모두는 죄의 크기에 차이가 있을 수 있으나 하나님 앞에서는 모두 죄인이다.

"죄 없는 자가 먼저 쳐라."의 이야기를 만화로 그려보세요.

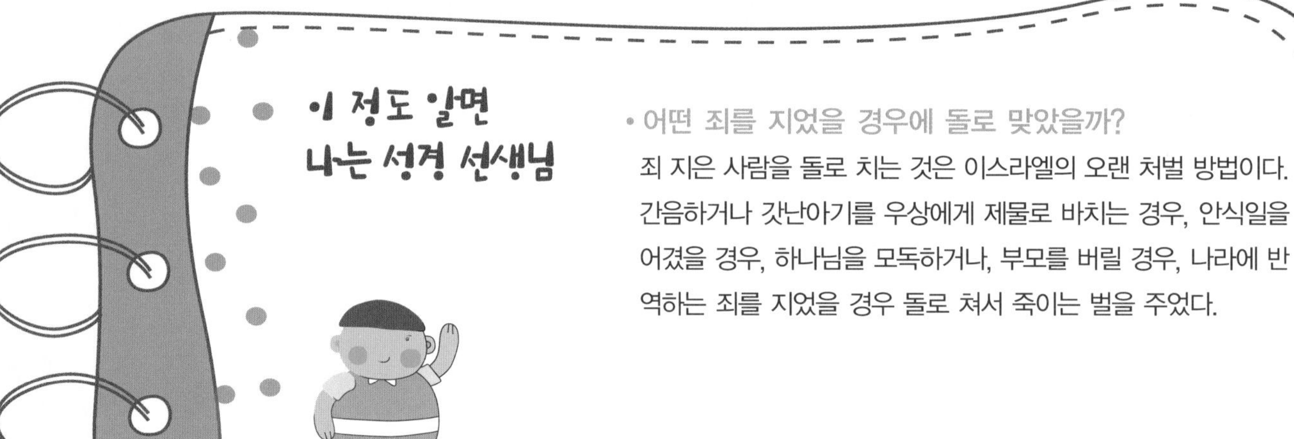

이 정도 알면 나는 성경 선생님

• 어떤 죄를 지었을 경우에 돌로 맞았을까?

죄 지은 사람을 돌로 치는 것은 이스라엘의 오랜 처벌 방법이다. 간음하거나 갓난아기를 우상에게 제물로 바치는 경우, 안식일을 어겼을 경우, 하나님을 모독하거나, 부모를 버릴 경우, 나라에 반역하는 죄를 지었을 경우 돌로 쳐서 죽이는 벌을 주었다.

6과 우리의 이웃은 누구인가?

누가복음 10:27
네 마음을 다하며 목숨을 다하며 힘을 다하며 뜻을 다하여 주 너의 하나님을 사랑하고 또한 네 이웃을 네 자신 같이 사랑하라

어느 율법사가 예수님을 시험하고자 와서 물었어요.

"어떤 사람이 우리의 이웃이오?"
예수님은 율법사에게 한 가지 이야기를 들려주셨어요.

어떤 사람이 예루살렘에서 여리고로 가다가 길에서 강도를 만났어요. 그는 강도에게 돈과 물건을 모두 빼앗기고 심하게 맞아서 정신을 잃고 쓰러졌지요. 그때 마침 제사장이 지나가게 되었어요. 제사장은 못 본 체하고 지나쳤어요.

그리고 성전에서 제사장을 돕는 레위인도 그냥 지나갔어요. 그런데 사마리아 사람이 지나가다가 그 사람을 발견했어요. 사마리아 사람은 유대인들이 무시하는 사람들이에요. 그는 쓰러진 사람의 상처를 소독하고 자기의 옷을 찢어 상처를 싸맨 다음 나귀에 태워 여관으로 데려갔어요.

"이 사람을 잘 치료해주시오. 만일 돈이 더 들면 내가 돌아와서 드리겠소."
사마리아 사람은 여관 주인에게 돈을 주고 갔어요. 이야기를 끝낸 예수님이 율법사에게 물으셨어요.

"누가 강도 만난 사람의 이웃이 되겠느냐?" "치료해준 사람입니다."
율법사가 대답했어요. 예수님이 다시 말씀하셨어요.

"그렇다면 가서 너도 그렇게 하라."
이웃을 내 몸처럼 사랑하는 것은 하나님의 말씀을 지키는 것과 같은 것이에요.

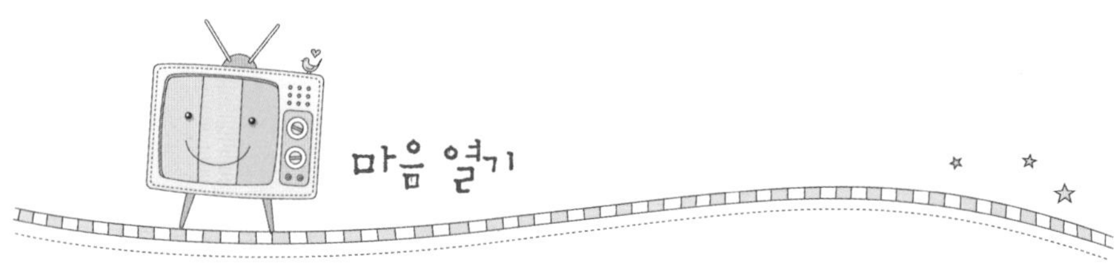

- 우리 옆집에는 누가 살고 있나요? 이름을 써보세요.

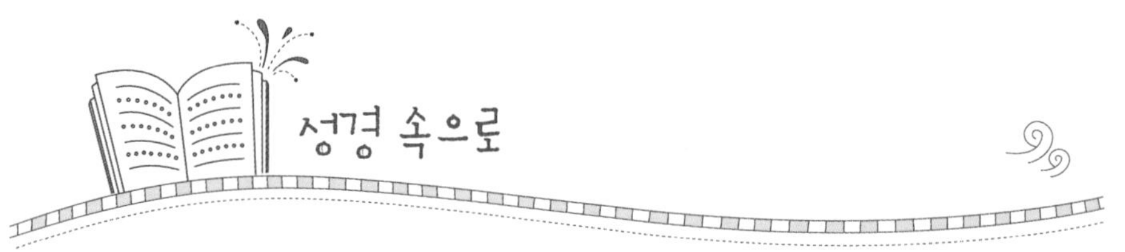

- 예수님이 들려주신 이야기 속에는 몇 사람이 등장하나요?

- 율법사는 예수님에게 왜 질문을 했나요?

- 유대인들은 사마리아 사람들을 어떻게 생각하나요?

- 쓰러진 사람을 보고 그냥 지나간 사람들은 왜 그렇게 했을까요?

- 이웃을 내 몸처럼 사랑하는 방법을 두 가지 써보세요.

- 길을 가다가 쓰러져 있는 사람을 만난다면 나는 어떻게 할까요?

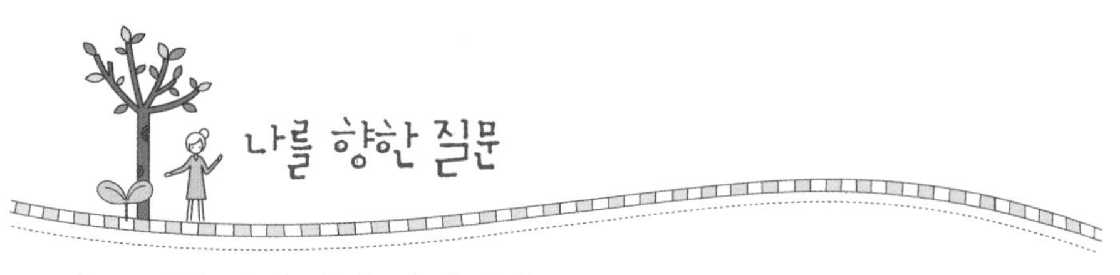

- 나는 이웃에게 어떤 사람인가?

BIG - Bible in God

이웃을 사랑하라는 하나님의 말씀은 말로만 하는 것이 아니에요. 사마리아 사람처럼 실천해야 하는 것이지요. 이웃의 아픔을 모른 체하지 않는 사람이 되었으면 좋겠어요.

이웃 사람이 다가오기 전에 내가 먼저 손을 내밀고 인사하자.

이웃에 살고 있는 사람들 중에서 나와 가장 친한 사람을 그려보세요.

강도의 마음은 어떤 짐승과 닮았을까요? 그려보세요.

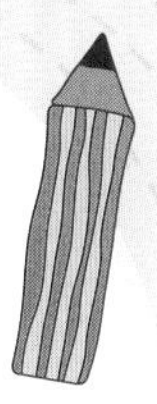

강도 만난 사람이 빼앗긴 물건은 어떤 것들일까요?

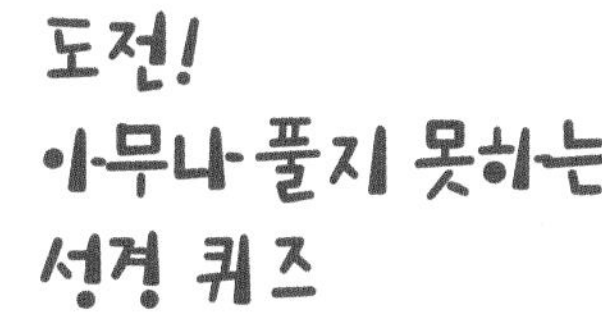

1. 그 후에 주께서 따로 (　　　　)인을 세우사 친히 가시려는 각 동네와 각 지역으로 (　　　　)씩 앞서 보내시며 (누가복음 10:1)

① 오십, 셋 ② 사십, 넷 ③ 칠십, 둘 ④ 백, 구십

2. 귀신들이 너희에게 항복하는 것으로 기뻐하지 말고 너희 이름이 (　　　　)에 기록된 것으로 기뻐하라. (누가복음 10:20)

① 공책 ② 성적표 ③ 하늘 ④ 친구 휴대폰

7과 부자가 천국 가는 길

> 마태복음 19:26
> 예수께서 그들을 보시며 이르시되, 사람으로는 할 수 없으나 하나님으로서는 다 하실 수 있느니라

"내가 무엇을 해야 영생을 얻을 수 있습니까?"

한 부자 청년이 예수님께 물었습니다. 그는 착한 일을 많이 하면 영원한 생명을 얻을 수 있다고 생각하는 사람이었어요. "네가 영생을 얻으려면 계명을 지켜라!"

"어떤 계명을 말씀하십니까?"

"살인, 간음, 도적질을 하지 말라, 네 부모를 공경하라, 네 이웃을 사랑하라!"

예수님의 말씀에 청년은 얼굴이 밝아져서 자신 있게 말했어요.
"그것이라면 제가 어려서부터 잘 지켰습니다. 그런데 또 있습니까?"

"가진 재물을 가난한 이웃에게 나누어주어라!" 청년은 걱정하며 돌아갔어요. 이웃에게 재산을 나눠준다는 것은 꿈에도 생각해보지 않았거든요. 예수님이 제자들에게 말씀하셨어요.

"낙타가 바늘귀로 들어가는 것이 부자가 천국에 들어가는 것보다 쉽다."
이 말을 듣고 제자들은 너무 놀랐어요.
낙타가 바늘구멍으로 들어간다는 것은 상상도 할 수 없는 일이에요.

"그렇게 어렵다면 구원을 얻을 사람이 누가 있겠습니까?"
예수님이 제자들에게 대답하셨어요.

"사람의 힘으로는 할 수 없지만 하나님은 하실 수 있느니라."

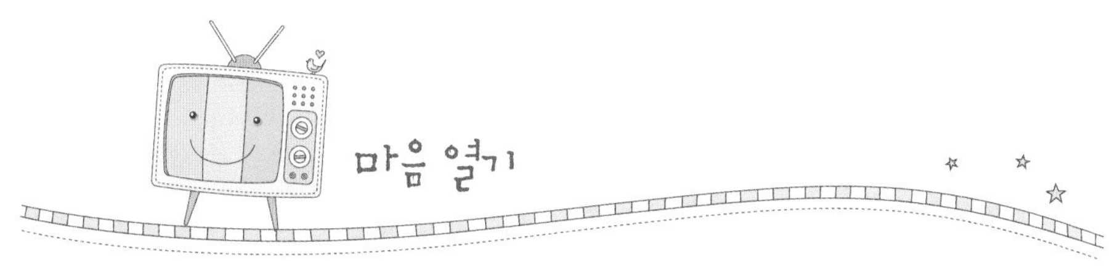

- 내 취미는 무엇인가요?

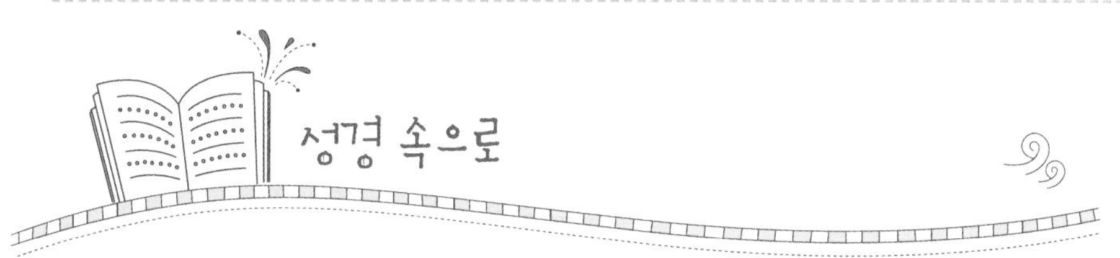

- 부자 청년은 왜 예수님을 찾아왔나요?
- 예수님은 진정으로 영원한 생명을 얻기 위해서는 어떻게 해야 한다고 말씀하셨나요?
- 구원은 어떻게 얻을 수 있나요?

BIG - Bible in God

재물도 하나님이 주신 축복이에요. 그러나 더 많은 재물 갖기를 끊임없이 원하고 돈이면 모든 것을 할 수 있다는 생각을 갖게 된다면 재물은 우리를 죄에 빠지게 할 거예요. 재물보다 하나님을 더 사랑하는 삶을 살았으면 좋겠어요.

- 돈보다 중요한 것에는 어떤 것이 있을까요?
- 나에게 재산이 많다면 어떻게 쓸까요?
- 내가 가진 재산 때문에 천국에 갈 수 없다면 어떻게 할까요?

재물이 너무 많아서 하나님을 잃는 사람보다 가진 재물은 적지만 하나님을 얻는 사람이 지혜로운 사람이다.

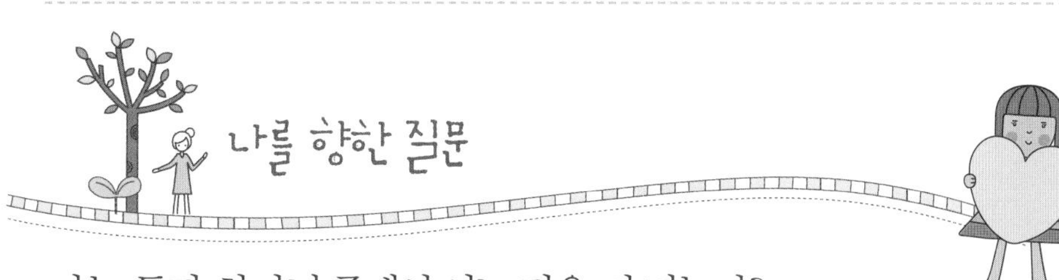

- 나는 돈과 하나님 중에서 어느 것을 더 믿는가?

부자 청년이 살고 있는 집을 그려보세요.

우리가 천국에 들어가는 모습을 그려보세요.

천국 시민증을 만들어보세요.

이 정도 알면 나는 성경 선생님

유대인들은 장사 수완이 매우 좋다. 이는 하루아침에 얻어진 것이 아니고 오랜 세월을 지나 터득한 기술이다. 솔로몬 왕 때 상업이 발달했으며, 바빌론에 포로로 끌려갔을 때 농사지을 땅이 없었으므로 살기 위해 장사를 하면서 그 기술을 터득했다. 예수님이 살던 시대에도 장사를 하는 사람들의 수가 많았다.

8과 죽은 나사로가 살아나다

요한복음 11:25
나는 부활이요 생명이니 나를 믿는 자는 죽어도 살겠고 무릇 살아서 나를 믿는 자는 영원히 죽지 아니하리니

"예수님, 나사로가 병들어 죽을 것 같으니 빨리 와달라고 합니다." 예수님이 계시는 곳에서 나사로가 사는 베다니까지 가려면 하루가 걸려요.

"나사로의 병은 죽을 병이 아니라 하나님의 영광을 위한 것이니 괜찮다."

예수님은 그곳에서 이틀을 더 머물며 말씀을 전하고 병든 자를 고치셨어요.
"자, 이제 잠든 나사로를 깨우러 가자!"
예수님이 마리아의 집에 도착하시자 마리아와 마르다가 울면서 말했어요.
"예수님께서 빨리 오셨더라면 오빠는 죽지 않았을 거예요. 흑흑!" "네 오빠는 다시 살 것이다."
마리아와 사람들은 믿지 않았어요. 죽은 사람이 다시 살아날 수 없기 때문이에요.

"나는 부활이요 생명이니 나를 믿는 자는 죽어서도 살겠고 살아서 나를 믿는 자는 영원히 죽지 아니하리라! 네가 이것을 믿느냐?"
"네, 마지막 날에 부활할 줄 믿나이다." 마르다는 예수님의 말씀을 이해하지 못했어요.
나사로는 죽은 지 4일이 되어 몸이 썩기 시작했어요. 예수님은 나사로가 묻힌 무덤으로 가셨어요.

"무덤의 돌문을 열어 놓아라!" 예수님은 무덤의 문을 열게 하시고 하늘을 향해 기도하신 후 큰 소리로 외치셨어요. "나사로야, 나오너라!" 그러자 무덤에 누워 있던 나사로가 벌떡 일어나 예수님 앞으로 나왔어요. 사람들은 예수님을 진정한 하나님의 아들로 믿게 되었어요.

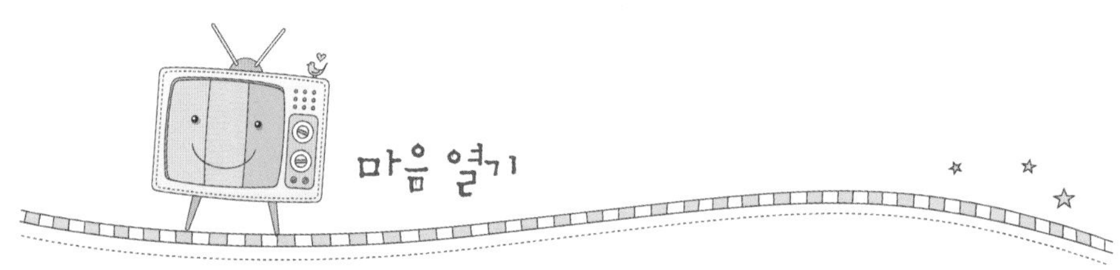

● 죽으면 할 수 없는 것에는 어떤 것들이 있나요?

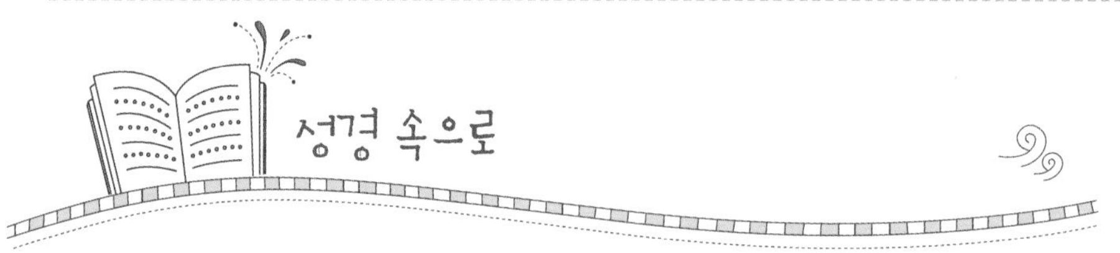

● 나사로는 어디에 살았나요?

● 나사로는 죽은 지 며칠 되었나요?

● 나사로의 동생은 누구누구인가요?

● 죽었던 나사로는 살아나자 제일 먼저 무엇이 먹고 싶었을까요?

● 과학적으로, 죽은 지 4일이 지난 시체가 다시 살아날 수 있을까요? 그런데 나사로는 어떻게 살아났지요?

● 죽었던 나사로가 벌떡 일어나서 "안녕!" 하고 인사를 한다면 나는 어떻게 할까요?

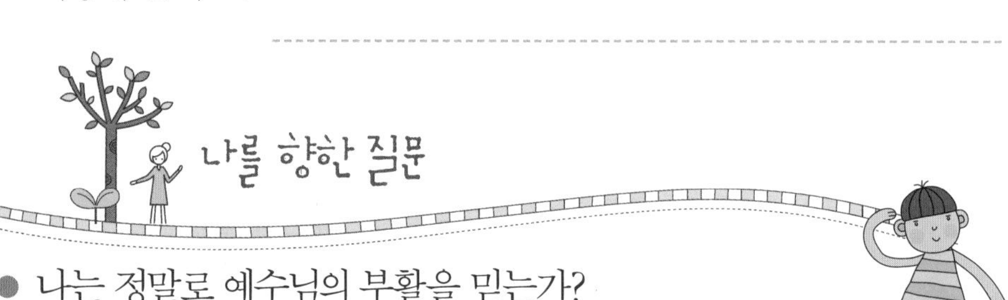

● 나는 정말로 예수님의 부활을 믿는가?

BIG - Bible in God

모든 사람은 다 죽는답니다. 그런데 예수님께서 우리에게 죽었던 나사로가 다시 살아나는 기적을 보여주신 것은 왜일까요? 이는 생명의 주인은 하나님이시며 또한 예수님이 다시 오실 때 우리도 부활할 것을 알게 하려 하심이에요.

매일 아침 해가 뜨는 것보다 더 확실한 것은 부활이다.

‘죽은 나사로가 살아나다.’ 이야기를 만화로 그려보세요.

이 정도 알면 나는 성경 선생님

• 예수님 당시 무덤은 어떻게 생겼을까?

그 당시 무덤은 동굴이 많았다. 석회석으로 된 바위를 파서 동굴을 만들었는데 그 안은 여러 사람이 들어갈 만큼 넓었다. 중앙에 평평한 돌이 있었는데 그곳에 시체를 놓아두었다. 어떤 무덤들은 땅속 깊이 있어서 계단으로 내려가기도 했다.

9과 돌아온 아들

누가복음 15:10
죄인 한 사람이 회개하면 하나님의 사자들 앞에 기쁨이 되느니라

두 아들이 있었어요. 그중 둘째 아들은 아버지 밑에서 일하는 것이 싫었어요. 그래서 아버지에게 말했어요.

"나에게 물려주실 재산을 미리 나눠주세요."

아버지는 둘째 아들에게 땅을 나눠주었어요. 땅을 팔아 도시로 간 아들은 돈을 헤프게 썼어요. 가진 돈은 금세 다 떨어지고 그는 거지가 되어 음식조차 얻어 먹으며 살았어요. 어떤 사람이 그 아들을 불쌍히 여겨 돼지 치는 일을 하게 했어요. 그는 돼지가 먹는 나무 열매를 주워 먹으며 살았어요.

"이렇게 사느니 차라리 아버지께 돌아가 용서를 빌자!"

자신의 잘못을 뉘우친 아들은 집으로 돌아가기로 했어요. 한편 아버지는 집 나간 아들을 매일 기다렸어요. 그러던 어느 날 저 멀리서 초라한 모습의 아들이 보였어요.

"오! 내 아들아 돌아왔구나! 얼마나 고생이 많았니?"

"아버지, 저를 아들이라 여기지 마시고 종으로 부려 주세요. 흑흑!"

아버지는 기뻐하며 아들을 집으로 데려왔어요. 하인들에게 잔치를 준비하라고 했어요. 큰아들이 이 소식을 듣고 아버지께 가서 따졌어요.

"아버지, 재산을 다 써버리고 돌아온 녀석에게 무슨 잔치예요?"

큰아들의 말을 들은 아버지는 이렇게 말씀하셨어요.

"너는 네 동생을 잃어버렸다가 다시 찾았으니 기쁘지 않느냐?"

하나님은 회개할 필요가 없는 아흔아홉 명보다 회개하는 한 명의 죄인을 더 기뻐하신답니다.

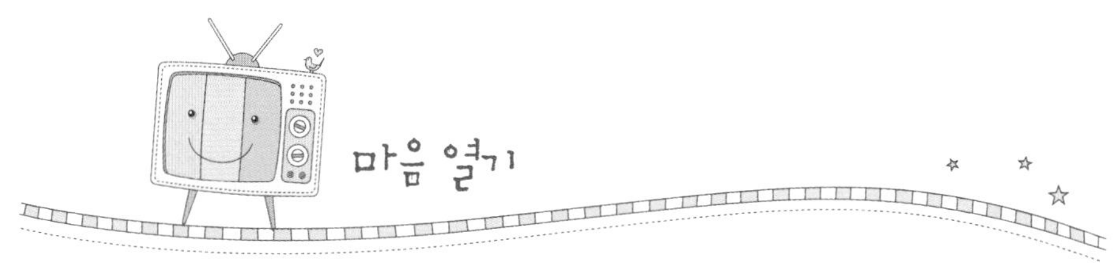

● 집을 나가고 싶을 때가 있었나요? 언제인가요?

● 집을 나간 둘째 아들은 돈이 떨어지자 어떻게 살았나요?

● 둘째 아들은 잘못을 뉘우치고 어떻게 하기로 했나요?

● 큰아들은 아버지에게 뭐라고 불평을 했나요?

● 내가 부모라면 자식이 속 썩이고 말썽을 부릴 때 어떻게 할까요?

● 내가 부모라면 집으로 다시 돌아오는 둘째 아들을 어떻게 대할까요?

● 내가 큰아들이라면 동생을 위해 잔치를 벌이는 아버지에게 뭐라고 할까요?

● 나는 회개하고 돌아온 둘째 아들인가? 집에 있는 큰아들인가?

BIG - Bible in God

하나님께서는 우리가 어떤 잘못을 했어도 다시 돌아오기를 기다리고 계셔요. 돌아와서 용서를 구하고 죄를 뉘우칠 때 하나님의 풍성한 은혜를 다시 누릴 수 있답니다. 지금 하나님으로부터 멀리 떠나 있다면 바로 돌아가세요.

죄를 짓고 하나님을 멀리 떠났다가 되돌아오는 길은 초라해 보이지만 아름다운 길이다.

'돌아온 아들' 이야기를 만화로 그려보세요.

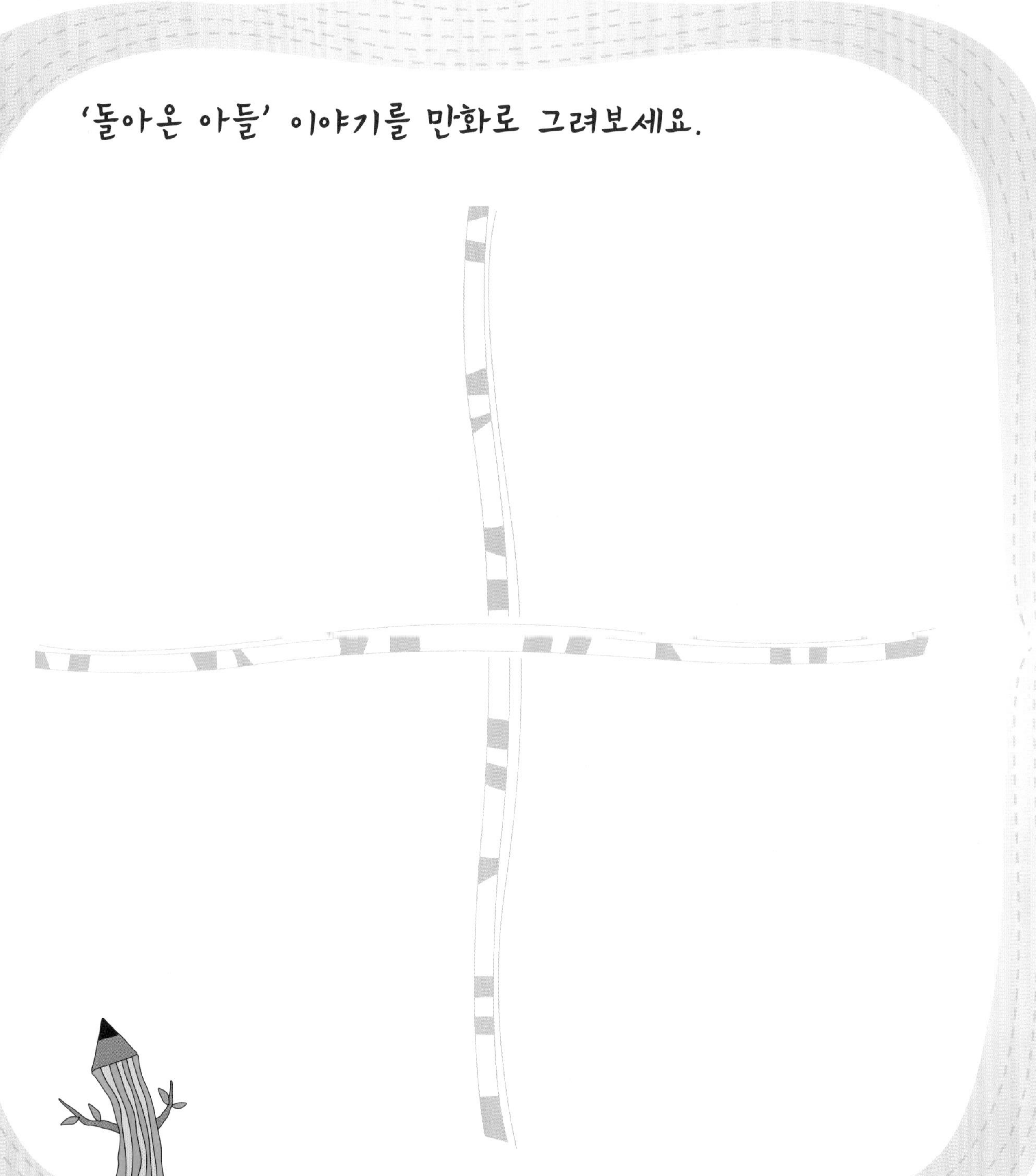

이 정도 알면 나는 성경 선생님

당시 유대 사회에서 아버지는 높은 권위를 가지고 있어 모든 자식들은 아버지에게 무조건으로 순종했다. 그때 자식이 아버지의 재산을 요구하는 것은 "아버지 빨리 죽으세요!"라고 말하는 것과 같았다. 아들은 아버지가 죽어야만 재산을 물려받을 수 있었기 때문이다. 그러므로 둘째 아들이 아버지에게 자신의 유산을 미리 달라고 말한 것은 엄청난 사건이다.

10과 부자와 나사로

누가복음 16:31
모세와 선지자들에게 듣지 아니하면 비록 죽은 자 가운데서 살아나는 자가 있을지라도 권함을 받지 아니하리라

한 부자가 살고 있었어요. 그 집 앞에는 나사로라는 거지가 살고 있었어요. 부자는 먹을 것이 넘쳐났지만 한 번도 거지 나사로를 돌보지 않았어요. 부자가 죽었어요. 거지 나사로도 죽었어요. 부자는 유황불이 펄펄 끓는 지옥에 떨어졌어요.

"아니? 저건 거지 나사로가 아닌가?"

부자는 목이 말라 고통스러워하다가, 천국에서 아브라함 품에 안겨 있는 나사로의 행복한 모습을 보았어요. "아브라함이여! 나사로를 시켜 내게 물 한 방울만이라도 보내주세요!"

부자는 너무 목이 말라 고통에 찬 소리를 질렀어요.

"너는 살았을 때 나사로를 돌아보지 않았다. 이제부터 너는 고통을 받고 나사로는 위로를 받을 것이니라."

부자는 가슴을 치며 후회했지만 다시 돌이킬 수 없었어요.

"그러면 나사로를 내 집으로 보내서 다른 식구들은 이곳으로 오지 말라고 전해주세요!"

부자는 형제들만이라도 지옥 불에 떨어지지 않기를 바랐어요. 문밖에 살던 거지가 가서 말하면 믿을 것이라고 생각했어요.

"이미 모세의 율법과 많은 선지자들이 있어 전했지만 그들은 믿지 않았다. 나사로가 가도 소용없을 것이다."

우리가 가진 것을 이웃과 나누고 베풀면 하나님이 기뻐하신답니다.

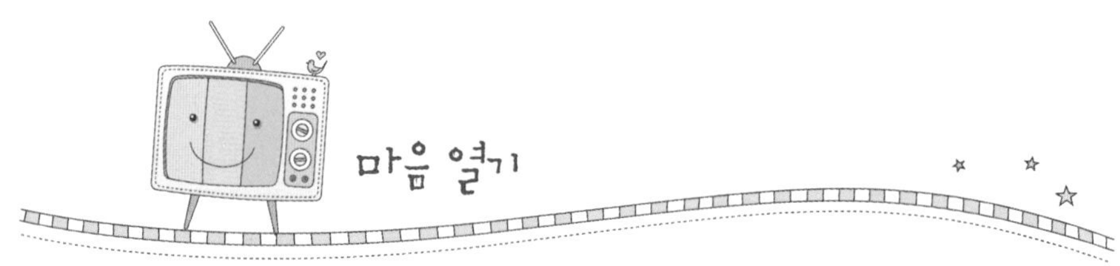

● 지금 어떤 음식이 제일 먹고 싶나요? 그 이유는?

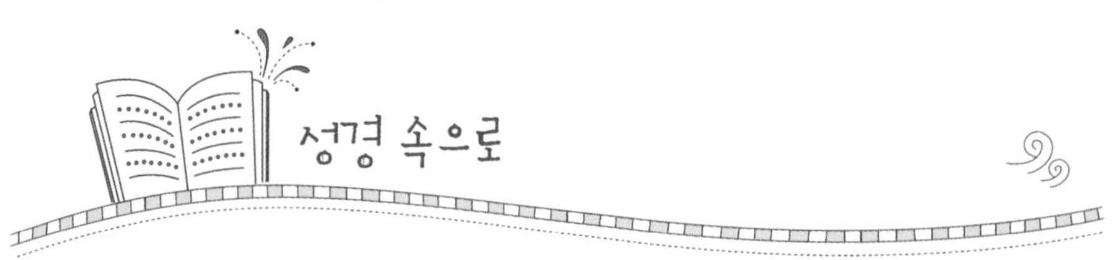

● 부자의 잘못은 무엇인가요?

● 부자는 죽어서 어디로 갔나요?

● 지옥에 떨어진 부자는 무엇이 걱정되었나요?

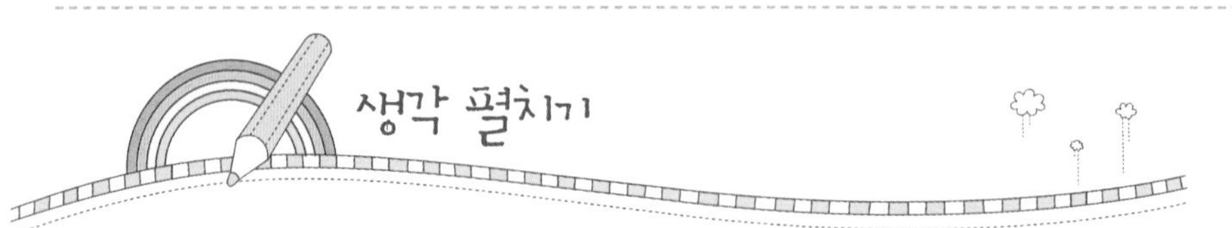

● 부자의 잔치에는 누가 참석을 했으며 어떤 이야기를 나누었을까요?

● 죽었던 사람이 내 앞에 나타나서 "지옥이 있다!"고 한다면 나는 어떻게 할까요?

● 아직도 교회를 다니지 않는 친구에게 꼭 하고 싶은 말은 무엇인가요?

● 오늘도 부자처럼 지옥으로 떨어지는 사람들을 보고 나는 어떻게 하고 있는가?

BIG - Bible in God

부자가 지옥에서 고통을 받는 것은 그가 세상에서 부자로 살아서가 아니에요. 주위의 어려운 사람들을 돌아보지 않고 자신의 배만 채우며 살았기 때문이에요. 거지 나사로 또한 불쌍하게 살아서 천국에 간 것이 아니에요. '하나님이 도우시는 자'라는 나사로 이름의 뜻처럼 하나님으로 말미암아 구원을 받은 것이랍니다.

진정한 부자는 천국을 가슴에 품고 사는 사람이다.

목이 말라 고통스러워서 부르짖는 소리를 그려보세요.

지옥을 그려보세요.

친척들이 모여서 음식을 먹는 모습을 그려볼까요?

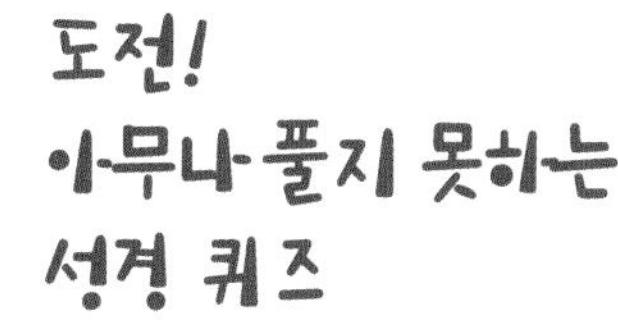

1. 바리새인들은 (　　　　)을 좋아하는 자들이라(누가복음 16:14)
   ① 떡 ② 술 ③ 돈 ④ 인형

2. 너희는 스스로 조심하라. 만일 네 형제가 죄를 범하거든 경고하고, (　　)하거든 (　　)하라(누가복음 17:3)
   ① 노래, 친구　② 공부, 조용히
   ③ 회개, 용서　④ 돈을 주려, 좋아

11과 어린아이를 사랑하시는 예수님

마태복음 19:14
예수께서 이르시되, 어린 아이들을 용납하고 내게 오는 것을 금하지 말라 천국이 이런 사람의 것이니라

"우리 아이가 예수님께 기도받게 해주세요."

"저리 가시오! 아이들을 데려오면 안 됩니다."

사람들은 자기 아이들을 데려와 예수님께 기도받기를 원했어요. 그러나 제자들은 어린아이를 데려온 사람들을 쫓아냈어요. 아이들이 예수님께 안기거나 매달리면 예수님이 힘드실 거라고 생각했지요. 어린아이들은 예수님을 만나고 싶었지만 어른들에게 밀려서 가까이 갈 수 없었어요.

제자들은 어린아이들이 예수님께 매달리거나 귀찮게 구는 것을 막으려고 했어요. 이를 보신 예수님이 크게 화를 내셨어요. 예수님은 어린아이들을 사랑하셨어요.

"아이들이 내게 오는 것을 막지 말라!"
예수님은 어린아이를 번쩍 들어 안으시며 말씀하셨어요.

"누구든지 이 어린 아이와 같지 않으면 결코 천국에 들어가지 못하리라. 어린 아이처럼 자신을 낮추는 사람이 천국에서는 큰 사람이다. 누구든지 내 이름으로 어린 아이 하나를 영접하면 나를 영접하는 것과 마찬가지이니라."

말씀을 마치신 예수님은 어린아이에게 손을 얹고 기도해주셨어요.

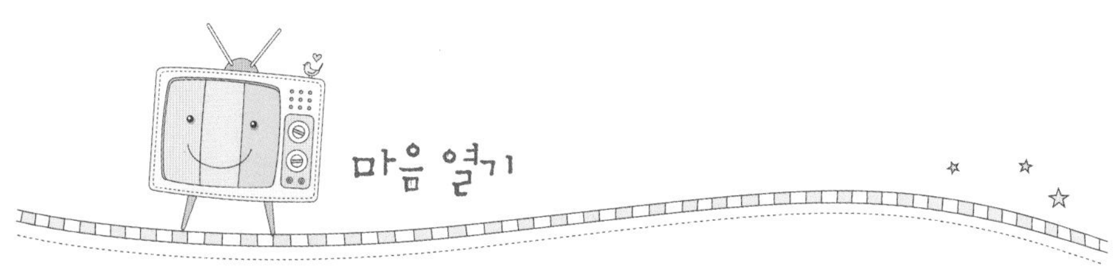

● 어른들이 어리다고 무시할 때 어떤 느낌이 드나요?

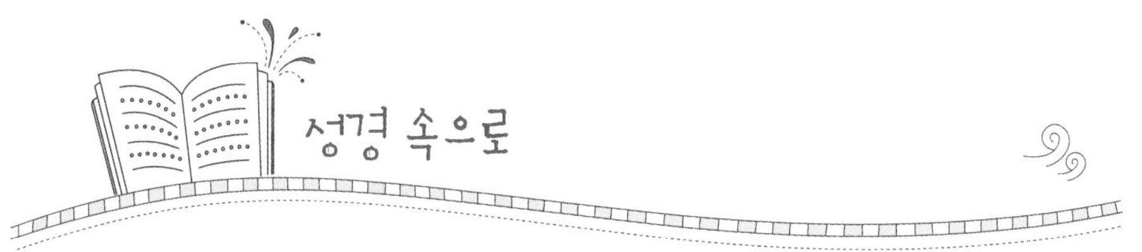

● 제자들은 왜 아이들을 예수님께 가까이 가지 못하게 했나요?

● 예수님은 왜 화를 내셨나요?

● 천국에 들어가려면 누구와 같아야 한다고 했나요?

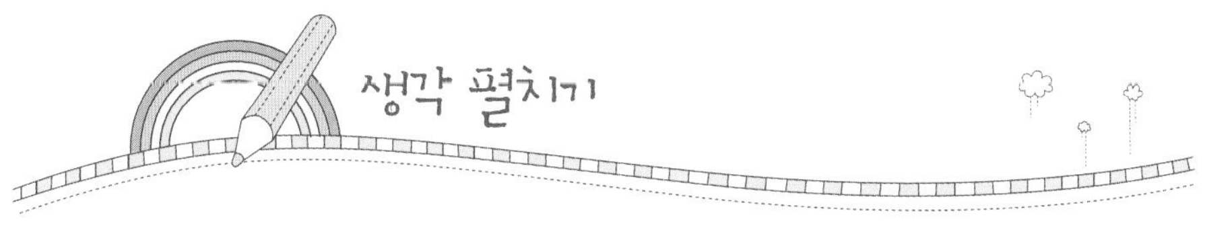

● 내가 제자라면 아이들이 예수님께 다가가려고 할 때 어떻게 할까요?

● 예수님께서 나를 안아주시면 기분이 어떨까요? 무슨 말을 할까요?

● 예수님께서 나를 위해 어떤 기도를 해주시면 좋을까요?

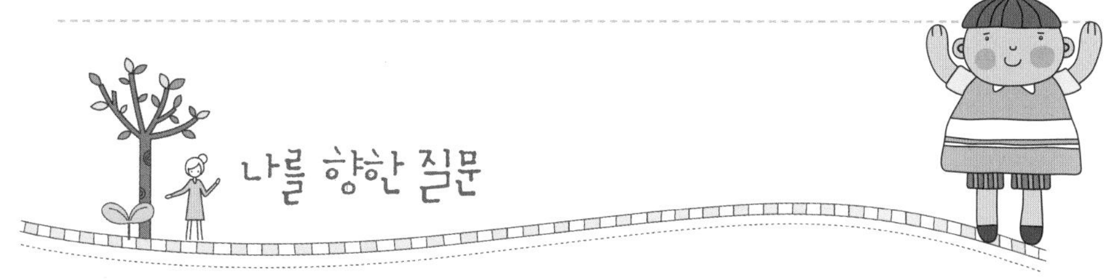

● 나는 예수님의 말씀을 자주 들으려고 노력하는가?

BIG - Bible in God

예수님은 공부를 잘한다거나 잘 생겼기 때문이거나 부모가 부자라서 우리를 사랑하는 것이 아니랍니다. 예수님은 모든 아이들을 조건 없이 똑같이 사랑하셔요. 우리도 예수님처럼 모든 친구들을 사랑했으면 좋겠어요.

예수님께서는 언제나 우리를 사랑하신다는 것을 잊지 말자.

예수님께서 나를 안고
계시는 모습을 그려볼까요?

천국에 들어가는 사람들의
마음을 그려볼까요?

지금 누가 나를 안아주었으면 좋겠는지
그 모습을 그려보세요.

이 정도 알면 나는 성경 선생님

• 예수님 시대에 아이들은 무슨 일을 하고 어떻게 놀았을까?

아이들은 가축을 돌보고, 떨어진 옷을 꿰매고, 음식을 만드는 일을 돕고 배웠다. 부모님이 만들어주신 장난감을 가지고 놀거나, 결혼식이나 장례식의 흉내를 내며 놀기도 했다. 운동도 즐겨했는데 주로 활쏘기, 씨름(레슬링), 새총 쏘는 놀이를 하고 놀았다.

포도원 품꾼 이야기

마태복음 20:16
나중 된 자로서 먼저 되고 먼저 된 자로서 나중 되리라

포도원 주인은 아침 일찍 나가 일꾼을 모아 일을 시켰어요. 그러나 해가 저물어가는데도 아직도 할 일이 끝나지 않았어요. 그래서 주인은 다시 사람을 구하러 나갔어요. 장터에 나가 보니 노는 사람들이 있었어요. 주인이 물었어요.

"어찌하여 일을 하지 않고 놀고 있소?"
"우리를 일꾼으로 불러주는 사람이 없습니다."

주인은 그들을 모두 데리고 와서 일을 시켰어요. 늦게 온 사람들은 주인이 품꾼으로 불러준 것이 너무나 고마워 열심히 일했어요. 일이 끝나고 주인이 일꾼들에게 품삯을 나눠주었어요. 그런데 아침에 온 사람이나 저녁에 온 사람이나 똑같이 주는 거예요. 일찍 온 사람들이 주인에게 불평했어요.

"어째서 아침에 온 사람이나 저녁에 온 사람이나 똑같이 주는 겁니까?" 그러자 주인이 말했어요.
"무슨 소리냐? 내가 너와 약속한 돈을 다 주지 않았느냐? 그리고 내 것을 가지고 내 뜻대로 좋게 사용하는데 네가 어째서 나쁘다고 말하느냐?"

이 이야기는 예수님이 천국을 비유로 말씀하신 거예요. 포도원은 천국을 뜻하고 집주인은 하나님을 뜻합니다. 아침에 온 일꾼이나 저녁 때 온 사람이나 똑같은 품삯을 받았다는 것은 먼저 믿은 사람이나 나중에 믿은 사람이나 모두 '하나님의 은혜'로 천국에 들어가는 것을 뜻합니다.

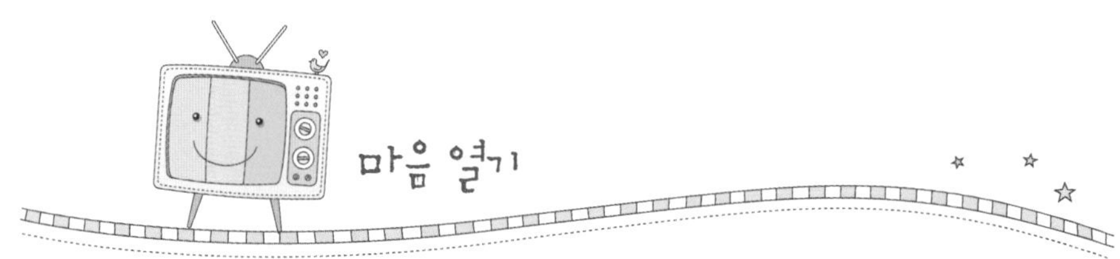

- 포도를 어떻게 먹으면 더 맛있을까요?

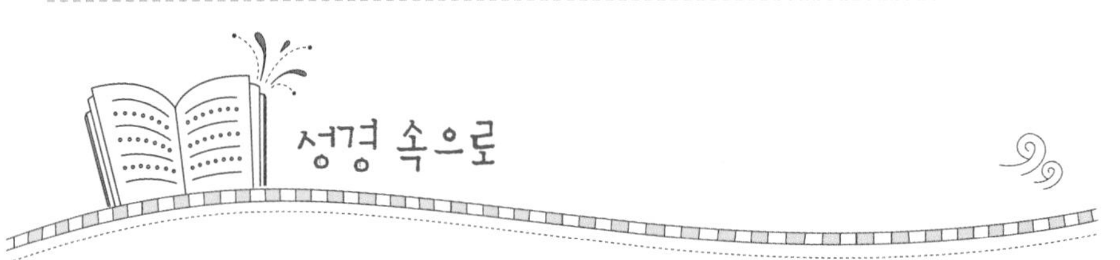

- 사람들은 장터에서 왜 놀고 있었나요?
- '포도원'과 '집주인'은 무엇을 뜻하나요?
- 포도원 주인은 아침에 온 일꾼과 저녁 때 온 일꾼에게 품삯을 어떻게 주었나요?

- 내가 언니(오빠, 형, 동생)보다 부모님의 심부름을 더 많이 했는데 용돈을 똑같이 받는다면 기분이 어떨까요?
- 어느 때 "고맙습니다.", "감사합니다."라는 말을 하나요?
- 공부 잘하는 순서대로 천국을 간다면 어떤 일이 벌어질까요?

- 나는 불평불만을 많이 하는 사람인가? 아니면 어떤 일이든지 감사하는 사람인가?

BIG - Bible in God

천국은 우리의 노력으로 가는 곳이 아니랍니다. 천국은 돈 많은 사람, 공부 잘하는 사람, 잘 생긴 사람, 지위가 높은 사람과 낮은 사람의 순서대로 가는 곳이 아니라 오직 하나님께서 베풀어주신 은혜로 하나님을 믿는 사람들이 가는 곳이에요.

나의 의롭고 선한 행동으로 천국에 가는 것이 아니라 하나님의 은혜로 가는 것에 대해 감사하는 기도문을 써보세요.

'포도원 품꾼 이야기'를 만화로 그려보세요.

도전! 아무나 풀지 못하는 성경 퀴즈

1. 이와 같이 나중 된 자로서 (　　　) 되고 먼저 된 자로서 (　　　) 되리라(마태복음 20:16)
   ① 먼저, 나중 ② 나중, 먼저 ③ 꼴찌, 일등 ④ 크게, 작게

2. 품삯을 받은 후 집주인을 (　　　　)하여 이르되(마태복음 20:11)
   ① 칭찬 ② 감사 ③ 원망 ④ 기뻐

3. 너희가 각각 마음으로부터 형제를 (　　　　)하지 아니하면 나의 하늘 아버지께서도 너희에게 이와 같이 하시리라(마태복음 18:35)

13과 눈을 뜬 바디메오

누가복음 18:42
예수께서 그에게 이르시되, 보라! 네 믿음이 너를 구원하였느니라

"다윗의 자손 예수여, 나를 불쌍히 여겨주세요!"

여리고에 사는 맹인 바디메오는 있는 힘을 다해 소리를 질렀어요. 바디메오는 거지예요.

어느 날, "나사렛 예수가 온다."라는 소리를 들었어요. 바디메오는 예수님을 만나기만 하면 눈을 뜰 수 있을 것이라고 믿었어요. 바디메오는 있는 힘껏 소리를 질렀지만 예수님은 아무런 대답이 없었어요. 다시 있는 힘을 다해서 소리를 질렀어요. "다윗의 자손이여! 다윗의 자손이여!"

얼마나 소리를 질렀는지 주위에 있던 사람들이 바디메오를 꾸짖었어요.
"이 거지야, 좀 조용히 해! 저리로 가!"
그러나 바디메오는 소리를 더 높여 예수님을 불렀어요. 예수님이 그 소리를 들으시고 제자들에게 그를 불러오도록 했어요. 바디메오는 너무 기뻐서 겉옷을 벗어던지고 뛰어나갔어요. 겉옷은 바디메오가 밤에 덮고 자는 소중한 재산이에요.

"네가 원하는 것이 무엇이냐?" 예수님의 물음에 바디메오는 얼른 대답했어요.
"세상을 보게 해주세요."
"네 믿음이 너를 구원하였느니라."
"와! 보인다!"

바디메오는 눈을 떴어요. 그는 하나님을 찬미하며 예수님을 따랐어요.

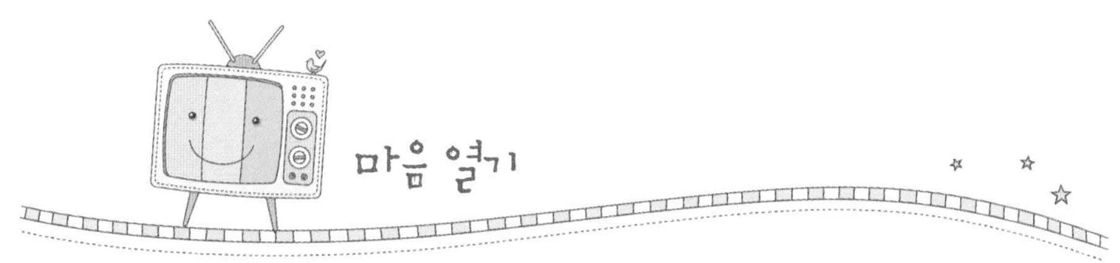

- 눈이 보이지 않는다면 제일 불편한 것은 무엇일까요?

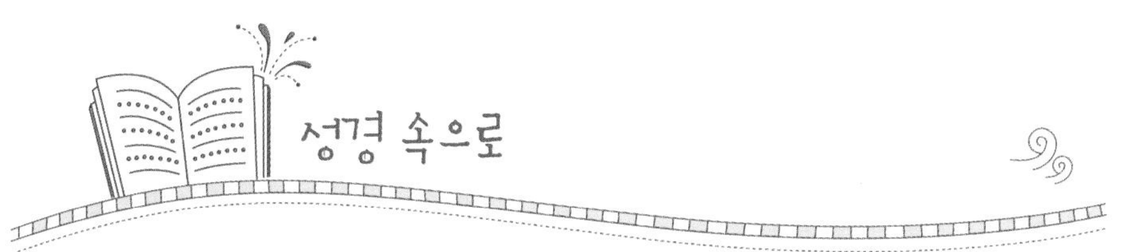

- 바디메오는 어떤 사람인가?

- 바디메오는 예수님을 어떻게 불렀나요?

- 예수님께서는 바디메오의 무엇이 그를 구원했다고 했나요?

BIG - Bible in God

바디메오가 주위 사람들의 꾸짖음에도 아랑곳하지 않고 끝까지 소리를 지른 것은 오직 예수님을 만나야 눈을 뜰 수 있다는 믿음이 있었기 때문이에요. 그래서 그는 예수님을 만나 눈을 떴어요. 믿음으로 예수님을 찾을 때 예수님께서 길을 열어 주신답니다.

- 바디메오가 눈을 뜨자 제일 먼저 무엇이 보였을까요?

- 예수님께서 지금 “네가 원하는 것이 무엇이냐?” 하고 물으신다면 어떻게 대답할까요?

- 우리는 어떻게 예수님을 볼 수 있을까요?

근심하고 걱정하는 것보다 예수님께 구하는 것이 훨씬 빠른 길이다.

- 나는 보이는 것만 믿는가? 보이지 않는 것도 믿는가?

바디메오가 예수님을 부르는 소리를 그려보세요.

지금 눈을 감으면 무엇이 보이는지 그려볼까요?

예수님을 만날 수 있는 방법을 그려볼까요?

이 정도 알면 나는 성경 선생님

• 예수님 시대의 사람들은 옷을 어떻게 입었을까?

그때 사람들은 오늘날처럼 다양한 옷을 입지 못했다. 대부분 집에서 만든 옷이었지만 그렇다고 해서 볼품없지 않았다. 돈이 있는 사람들은 외투에 화려한 장식을 달아서 뽐을 내기도 했다. 그러나 가난한 사람들은 외투를 저녁에 덮는 담요로 사용했다. 예수님은 화려한 옷을 입고 뽐내는 사람들을 비난하셨다.

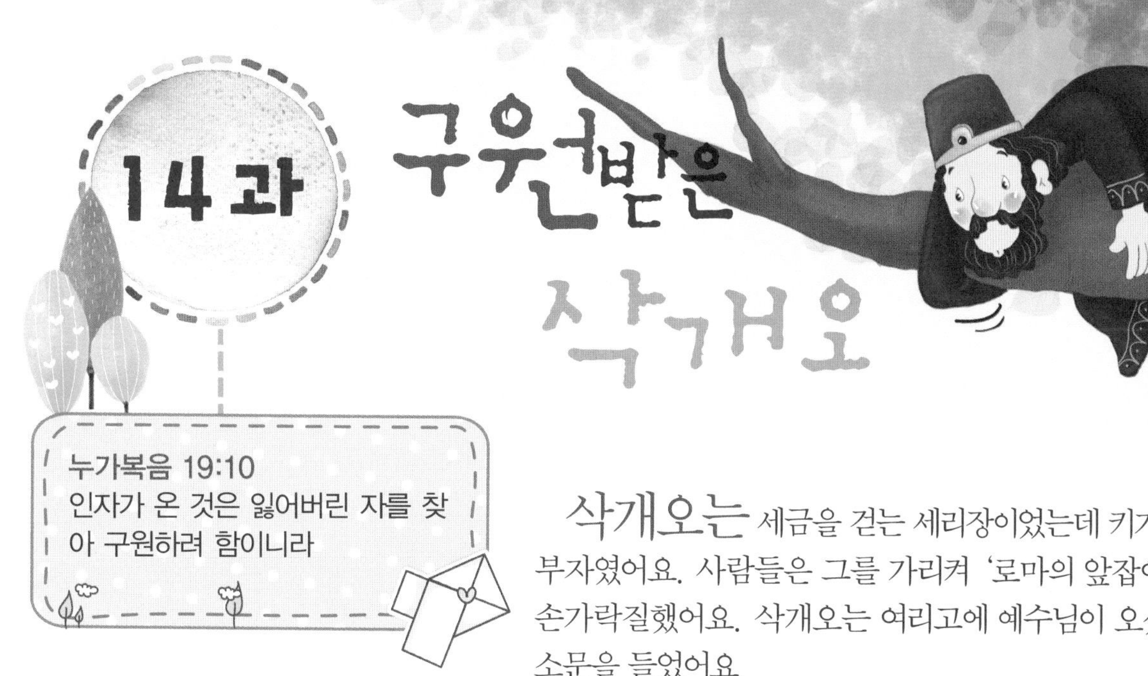

14과 구원받은 삭개오

누가복음 19:10
인자가 온 것은 잃어버린 자를 찾아 구원하려 함이니라

삭개오는 세금을 걷는 세리장이었는데 키가 작고 부자였어요. 사람들은 그를 가리켜 '로마의 앞잡이'라고 손가락질했어요. 삭개오는 여리고에 예수님이 오셨다는 소문을 들었어요.

'예수님은 누구일까? 그가 정말 메시아일까?'

삭개오는 예수님을 보고 싶었어요. 하지만 키가 작아서 볼 수 없었어요. 그래서 길 가에 있는 돌무화과나무로 올라갔어요. 예수님이 삭개오를 보셨어요.

"삭개오야, 어서 내려오너라! 오늘은 네 집에서 지내야겠구나!"

예수님의 말을 들은 삭개오는 놀랐어요. 사람들은 세리를 '죄인'이라고 하여 가까이 하지도 않았거든요. 삭개오는 기뻐하며 예수님을 집으로 모셨어요.

"아니? 어떻게 저런 죄인의 집에 가신다는 말인가!"

사람들은 예수님을 도저히 이해할 수 없다는 듯이 수군거렸어요. 삭개오는 예수님께 말했어요.

"주여, 가진 재산의 절반을 가난한 이웃들에게 나눠주겠습니다. 그리고 옳지 못한 방법으로 얻은 돈이 있다면 네 배를 더하여 갚겠습니다."

삭개오는 진심으로 자신의 잘못을 뉘우쳤어요. 예수님이 말씀하셨어요.

"삭개오는 구원을 받았느니라. 내가 온 것은 잃어버린 사람을 찾아 구원하려 함이니라."

진정한 회개는 삭개오처럼 자신의 잘못을 고백하고 행동으로 옮기는 것이랍니다.

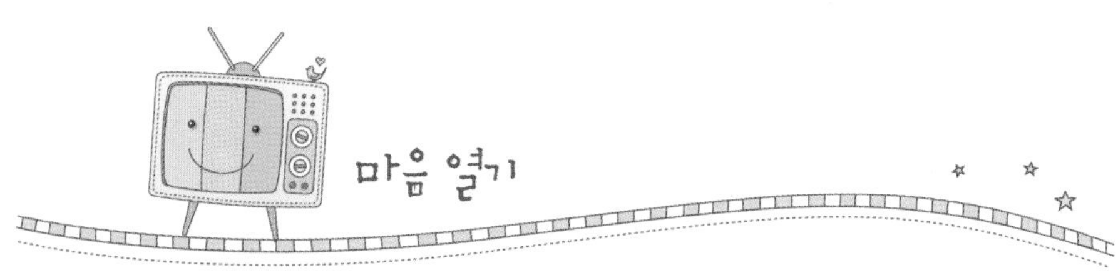

● '키 작은 사람' 하면 무엇이 떠오르나요?

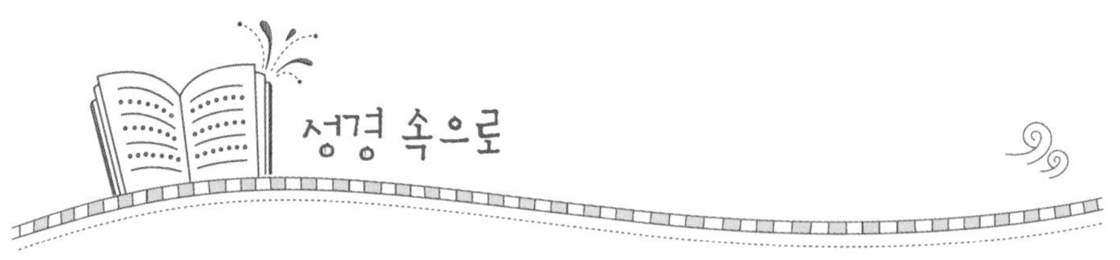

● 삭개오는 어떤 사람인가요?

● 삭개오는 돌무화과나무에 왜 올라갔나요?

● 회개한 삭개오는 자신의 재산을 어떻게 하겠다고 말했나요?

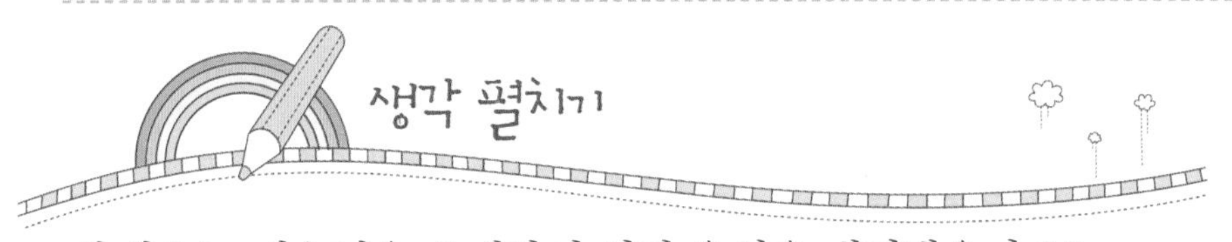

● 삭개오는 예수님을 초대하여 어떤 음식을 대접했을까요?

● 예수님이 지금 우리 동네에 오신다면 어떻게 해야 예수님을 만날 수 있을까요?

● 지금 예수님이 오셔서 내 이름을 부르신다면 기분이 어떨까요?

● 나는 모든 사람들에게 손가락질을 받는 삭개오 같은 사람과도 친구가 될 수 있는가?

BIG - Bible in God

만약 친구의 물건을 훔치고 혹은 친구를 괴롭히고 "미안하다. 다시는 안 그럴게."하고 말로만 끝낸다면 그것은 회개가 아니에요. 삭개오처럼 행동으로 보여주어야 하며, 앞으로 그런 삶을 살지 않겠다고 다짐하고 그렇게 사는 것이 진정한 회개예요.

자신의 잘못을 인정하는 사람은 용기 있고 훌륭한 사람이다.

'구원받은 삭개오'의 이야기를
만화로 그려보세요.

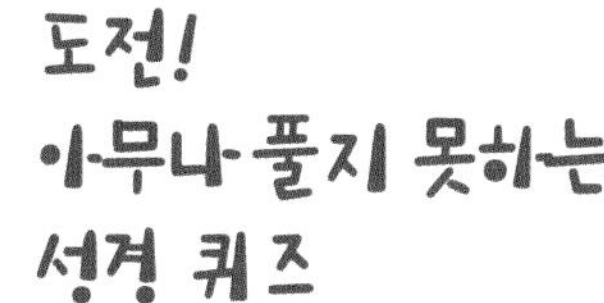

도전!
아무나 풀지 못하는
성경 퀴즈

1. 주인이 이르되, 내가 너희에게 말하노니 무릇 (　　　) 자는 받겠고 없는 자는 그 있는 것도 빼앗기리라(누가복음 19:26)
2. 세리는 멀리 서서 감히 눈을 들어 하늘을 쳐다보지도 못하고 다만 가슴을 치며 이르되, 하나님이여 불쌍히 여기소서 나는 (　　　)이로소이다(누가복음 18:13)
① 의인 ② 죄인 ③ 부자 ④ 거지

15과 착한 종과 게으른 종

마태복음 25:23
착하고 충성된 종아, 네가 적은 일에 충성하였으매 내가 많은 것을 네게 맡기리니 네 주인의 즐거움에 참여할지어다

어떤 사람이 외국에 나가게 되었어요. 그 사람은 종들을 불러 자신의 재산을 각자의 능력대로 한 달란트, 두 달란트, 다섯 달란트를 맡겼어요.

"이 달란트로 장사를 해서 주인이 오시면 더 많이 남겨드려야지!" 다섯 달란트 받은 종과 두 달란트 받은 종은 열심히 일하여 이익을 남겼어요. 그러나 한 달란트 받은 종은 생각이 달랐어요.

'땅에 파묻어 놓는 게 제일이야. 주인도 없는데 열심히 일할 필요는 없지.'

몇 년이 흐른 뒤에 주인이 돌아왔어요. 주인은 그동안의 이야기를 듣고 다섯 달란트와 두 달란트를 맡겼던 종을 칭찬했어요. "참으로 잘하였구나! 열심히 일하였으니 네게 더 많은 것을 맡기겠다." 한 달란트 받은 종이 말했어요.

"당신이 돈을 모으는 데 악착같은 사람이기 때문에, 나는 돈을 잃을까 겁이 나서 땅속에 파묻어 두었습니다." 그러자 주인은 화를 내며 말했어요.

"이 나쁘고 게으른 녀석아! 내가 심지도 않은 데서 거두는 줄 아느냐? 네가 은행에다 맡기기만 했어도 이자를 얻을 수 있지 않았겠느냐?"

또 주인은 다른 종들에게 말했어요. "저 쓸모없는 놈을 어두운 바깥으로 내쫓으라."

이 이야기는 예수님이 천국에 대해서 비유로 말씀하시며 들려주신 거예요.

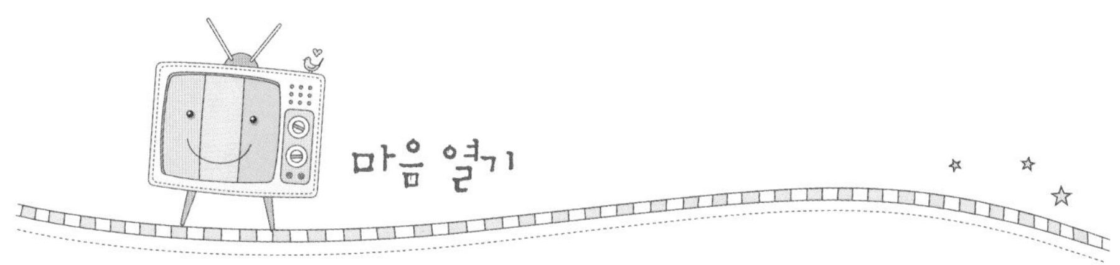

● 1만 원으로 어떻게 하면 이익을 많이 남길 수 있을까요?

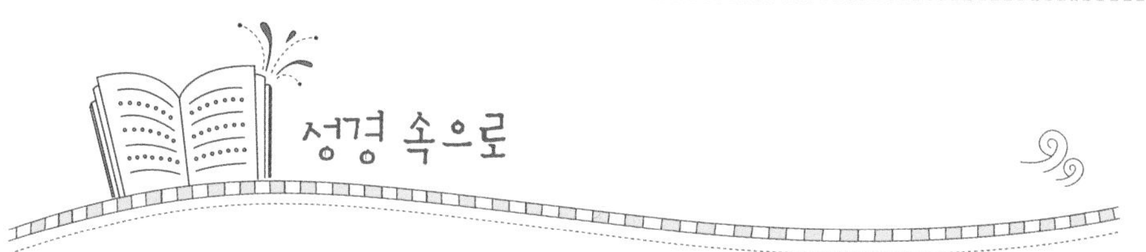

● 다섯 달란트, 두 달란트 받은 종은 어떻게 하였나요?

● 한 달란트 받은 종은 왜 돈을 파묻어 놓았을까요?

● 주인은 왜 화를 냈나요?

● 다섯 달란트 받은 종이 열심히 장사를 하였지만 실패하여 모두 잃었다면 주인은 뭐라고 말했을까요?

● 나에게 한 달란트가 주어졌다면 어떻게 할까요?

● 하나님이 나에게 주신 달란트(은사, 재능, 내가 잘하는 것)는 어떤 것이 있나요?

● 나는 하나님께서 주신 재능을 어떻게 사용하고 있는가?

BIG - Bible in God

우리는 각자 하나님으로부터 여러 가지 달란트(은사)를 받았어요. 개인이 가지고 있는 달란트는 누구 것이 더 좋고 나쁜 것이 없답니다. 각 사람은 저마다 독특한 특성을 가지고 있으므로 모두가 소중한 것이에요. 사람이 보기에 작고 보잘것없는 것이라고 해도 하나님에 의해서 사용될 때 세상의 어떤 것보다 귀한 것이 된답니다.

작은 일에 최선을 다해야 큰일을 감당할 수 있다.

내가 주인이라면 한 달란트 받은 종에게 어떤 벌을 내릴까요? 그려보세요.

주인에게 쫓겨나는 종의 기분을 그려볼까요?

칭찬받은 종의 마음을 그려보세요.

이 정도 알면 나는 성경 선생님

• 예수님 시대에 천대받는 직업은 무엇이었을까?

예수님은 사람이 가진 직업에 따라서 차별대우를 하지 않으셨다. 그러나 사회는 어떤 직업을 가진 사람에 대해서 차별했다. 똥을 치우는 사람, 양치기, 세리, 대장장이 등이 사회에서 차별을 받고 사람들로부터 따돌림을 당했다.

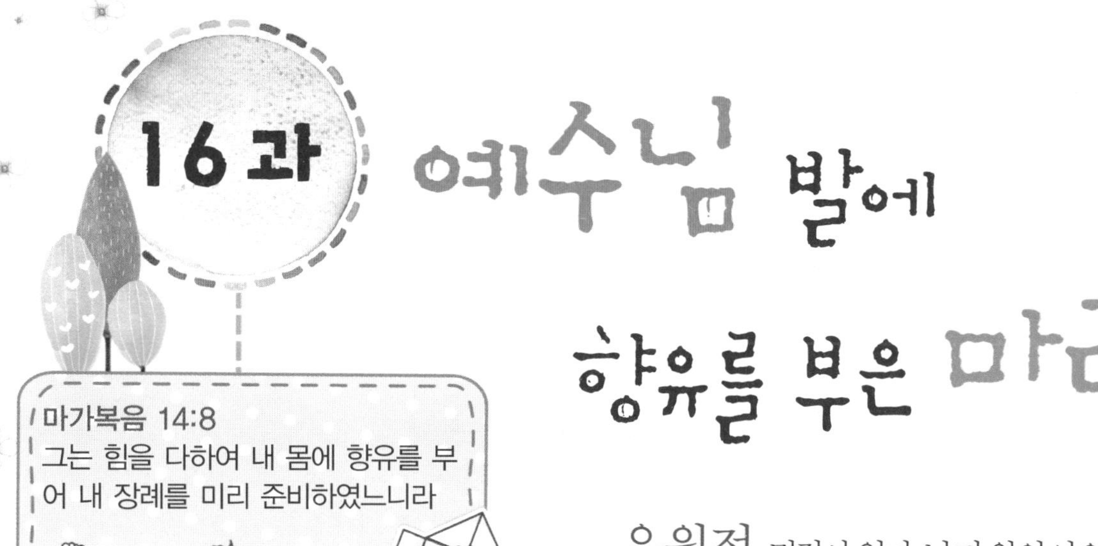

16과 예수님 발에 향유를 부은 마리아

마가복음 14:8
그는 힘을 다하여 내 몸에 향유를 부어 내 장례를 미리 준비하였느니라

유월절 명절이 얼마 남지 않았어요. 예수님은 제자들과 함께 베다니에 사는 시몬의 집에 계셨는데, 시몬의 집은 예수님이 오시자 잔치를 준비하느라 바빴답니다. 죽었다 살아난 나사로의 동생 마리아는 깊은 생각에 잠겼어요. 예수님을 위해서 귀한 것을 드리고 싶었기 때문이에요. '아 그렇지!' 마리아는 예수님의 발을 씻어드리기로 했어요. 귀한 손님이 집에 찾아오면 물로 발을 씻어주는 것이 예의거든요.

"아니? 이게 무슨 냄새지?" 집 안 가득 퍼지는 향기로운 냄새에 제자들이 물었어요. 마리아는 예수님의 발에 향유를 부어 씻어드렸어요. "아니! 그 귀하고 비싼 것으로 겨우 발을 씻기다니! 그걸 팔아서 불쌍한 사람들을 도와주는 것이 옳은 일이 아닌가!"

제자들은 서로 마리아의 행동을 꾸짖었어요. 그중에서도 돈을 관리하고 있던 가룟 유다가 제일 큰 소리로 나무랐어요. 그때 예수님께서 말씀하셨어요.

"가난한 사람은 너희와 항상 함께 있지만 나는 그렇지 않을 것이다. 이 여자가 내 발에 향유를 부은 것은 내 장례를 위함이니라."

이는 예수님이 곧 십자가에 달려 죽으실 것을 미리 말씀하시는 것이에요. 그러나 제자들은 무슨 뜻으로 하신 말씀인지 전혀 알지 못했어요. 다만 값비싼 향유를 버린 것만 아까워했어요.

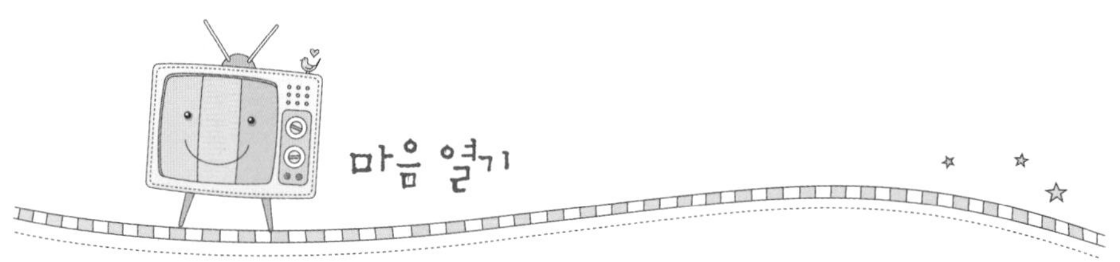

● 내가 가장 아끼는 것은 무엇인가요?

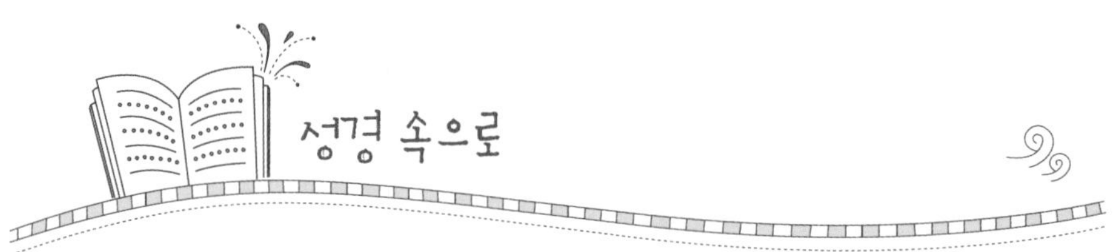

● 마리아는 예수님의 발에 무엇을 부었나요?

● 제자들은 왜 마리아의 행동을 꾸짖었나요?

● 예수님은 마리아가 '내 발에 향유를 부은 것은' 무엇을 위한 것이라고 하셨나요?

● 내가 예수님이라면 마리아의 행동에 대해서 어떤 말을 할까요?

● 어떤 사람이 천만 원이 넘는 향수로 발을 닦는 것을 본다면 무슨 말을 할까요?

● 예수님을 위해서 내가 드릴 수 있는 가장 귀한 것은 무엇인가요?

● 나는 나의 가장 귀한 것을 예수님을 위해서 드릴 수 있는가?

BIG - Bible in God

마리아가 값비싼 향유로 예수님의 발을 씻어드린 것은 예수님을 사랑했기 때문이에요. 예수님이 우리의 죄를 대신 지시고 돌아가신 것도 우리를 사랑하시기 때문이에요. 예수님을 사랑하는 마음을 어떻게 표현해야 할까요?

모든 것을 주어도 아깝지 않은 것이 사랑이다.

향유의 냄새를 그려보세요.

마리아를 꾸짖는 제자들의 속마음은 어떻게 생겼는지 그려볼까요?

나는 어떤 향기가 나는 사람이 되었으면 좋은지 그려볼까요?

도전! 아무나 풀지 못하는 성경 퀴즈

1. 그때에 천국은 마치 등을 들고 (　　　　　)을 맞으러 나간 열 처녀와 같다 하리니(마태복음 25:1)
   ① 친구 ② 부모님 ③ 신랑 ④ 동생
2. 그때에 열둘 중 하나인 (　　　　　　)라 하는 자가 대제사장들에게 가서 말하되(마태복음 26:14)
3. 내가 예수를 너희에게 넘겨주리니 얼마나 주려느냐 하니 그들이 은 (　　　)을 달아주거늘(마태복음 26:15)
   ① 삼백 ② 삼천 ③ 삼십 ④ 삼만

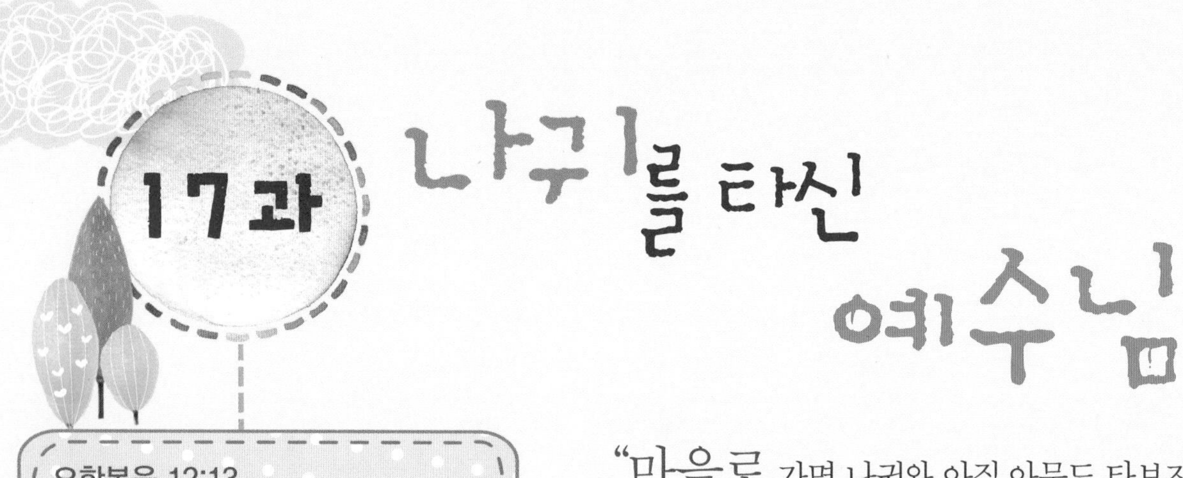

17과 나귀를 타신 예수님

요한복음 12:13
호산나 찬송하리로다. 주의 이름으로 오시는 이 곧 이스라엘의 왕이시여

"마을로 가면 나귀와 아직 아무도 타보지 않은 나귀 새끼가 있을 테니 이리로 끌고 오라!"

예루살렘으로 가기 위해 감람산 벳바게에 이르렀을 때 예수님이 말씀하셨어요. "네?"

제자들은 잘못 알아들었나 싶어서 다시 물었어요.

"나귀 주인이 무슨 말을 하거든 주가 쓰시겠다고 하라. 그러면 보내리라."

제자들은 고개를 갸우뚱하며 마을로 갔어요. 마을에는 나귀와 나귀 새끼가 있었어요. 두 제자가 나귀 새끼를 끌고 가려는데 주인이 나타나서 물었어요.

"왜 남의 나귀를 가져가려고 하는 거예요?" "주가 쓰시겠답니다."

제자들이 대답하자 주인은 아무 말 없이 나귀를 풀어주었어요. 예수님은 나귀를 타시고 예루살렘 성으로 들어가셨어요. 예수님이 오셨다는 소식에 사람들이 몰려 나와 길에 옷을 펴고 나뭇가지를 깔았어요. 나뭇가지를 길에 펴는 것은 왕이 올 때 맞이하는 풍습이에요.

"호산나 다윗의 자손이여! 찬송하리로다."

함성과 찬송 소리에 예루살렘성은 큰 난리가 났어요. 제자들은 어깨가 우쭐했어요. 그들은 예수님이 왕의 자리에 앉게 될 것이라고 생각했지요. 사람들도 예수님이 로마 군대를 몰아내고 왕이 될 것이라고 생각했어요.

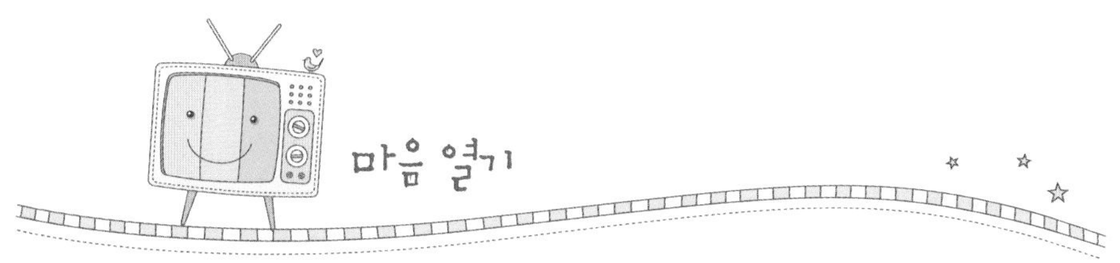

- 지금 예수님이 우리 마을에 오신다면 무엇을 타고 오실까요?

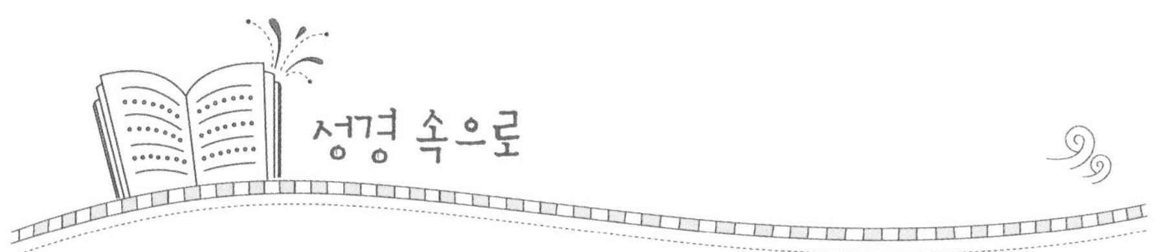

- 예수님은 예루살렘으로 들어가실 때 무엇을 타고 갔나요?

- 왕을 맞이하는 풍습은 어떠했나요?

- 사람들이 예수님을 환영한 이유는 무엇인가요?

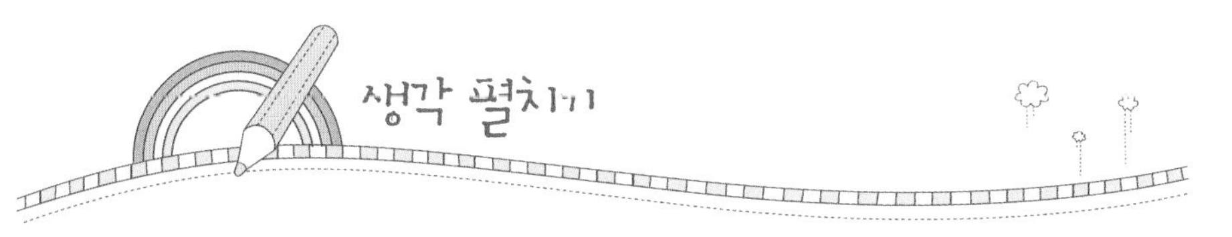

BIG - Bible in God

예수님은 겸손과 평화의 왕이에요. 나귀는 그런 예수님을 태우는 데 사용되었어요. 우리도 예수님을 태운 어린 나귀처럼 예수님의 거룩한 목적에 사용되었으면 좋겠어요. 그러기 위해서는 거룩하고 깨끗한 마음을 가져야 해요.

- 부모님(선생님)이 내게 하기 싫은 심부름을 시킨다면 어떻게 할까요?

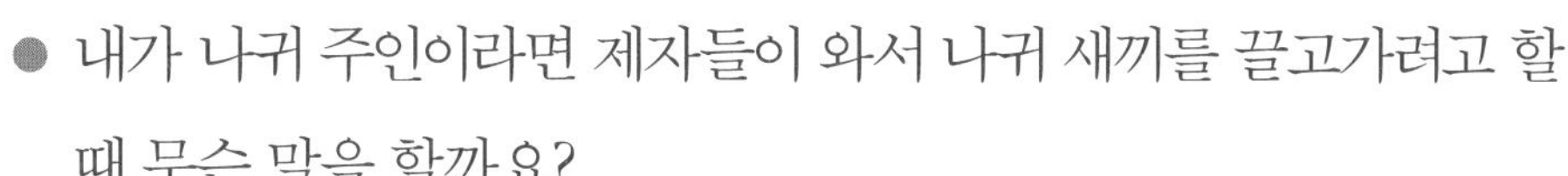

- 내가 나귀 주인이라면 제자들이 와서 나귀 새끼를 끌고가려고 할 때 무슨 말을 할까요?

- 왜 예수님은 큰 말이나 좋은 마차를 타시지 않고 어린 나귀 새끼를 타고 가셨을까요?

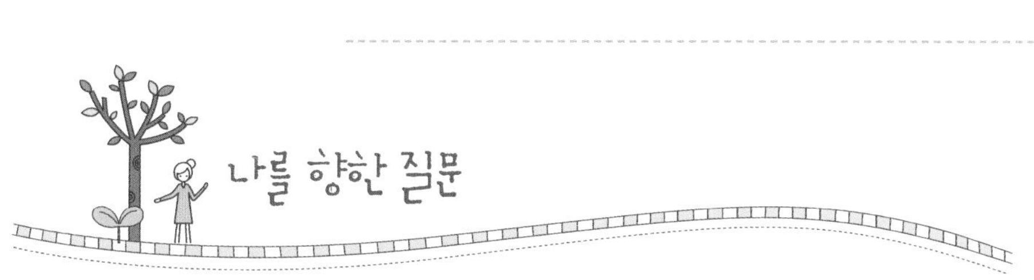

하나님께서는 마음이 깨끗한 사람을 사용하신다.

- 나는 기꺼이 예수님을 태운 나귀 새끼가 될 수 있을까?

예수님을 등에 태우고 가는
나귀 새끼의 마음을
그림으로 표현해보세요.

내 물건 중에 나귀의 등에
싣고 싶은 것이 있다면
그것이 무엇인지 그려보세요.

앞으로 100년 뒤의 사람들은 무엇을 타고 다닐지
그려볼까요?

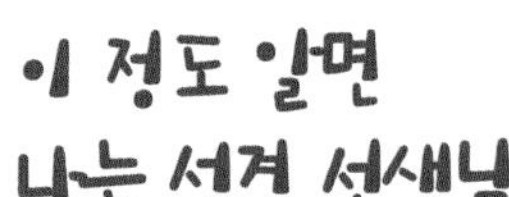

이스라엘은 여러 나라들로부터 침략을 받았다. 앗시리아, 바빌로니아, 페르시아, 그리스 등이 이스라엘을 침략하여 수많은 사람들을 죽이고 포로로 끌고가서 학대했다. 로마 제국은 BC 63년에 이스라엘을 침략하여 종교의 자유까지 빼앗았다.

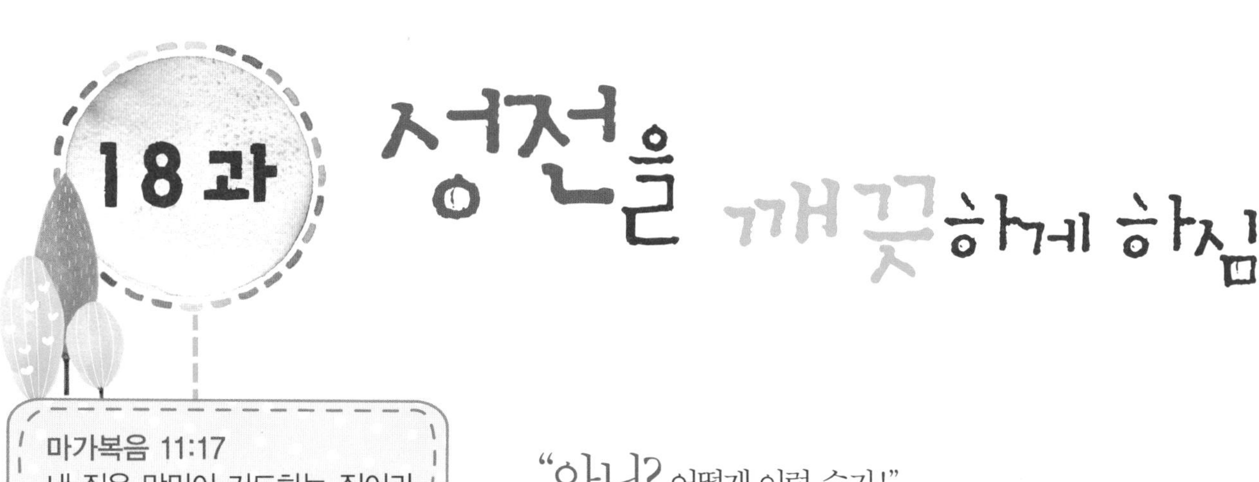

18과 성전을 깨끗하게 하심

마가복음 11:17
내 집은 만민이 기도하는 집이라

"아니? 어떻게 이럴 수가!"

예루살렘 성전에 가신 예수님은 매우 놀라셨어요. 성스러워야 할 성전 뜰이 소와 양 그리고 비둘기를 팔고 사는 사람들로 뒤엉켜서 마치 시장 같았기 때문이에요. 예수님은 그들을 향해 화를 내셨어요. 예수님은 채찍으로 짐승들을 쫓아버렸어요. 돈 바꾸는 사람들의 상도 뒤엎으셨어요. 예수님은 장사꾼들을 향해서 말씀하셨어요.

"성전은 모든 사람들이 기도하는 곳이다. 너희들은 내 아버지의 집을 시장터로 만들지 말라!"

성전 뜰은 한바탕 소동이 벌어진 뒤에 곧 조용해지고 깨끗해졌어요. 그러나 이를 본 유대인들이 예수님께 대들었어요.

"당신이 무슨 권리로 이러는 겁니까? 우리에게 보여줄 무슨 표적이라도 있소?"

"이 성전을 허물어라! 내가 사흘 동안에 다시 지을 것이다."

"뭐라고? 이 성전을 짓는 데 46년이나 걸렸는데 당신이 사흘 동안에 다시 짓겠다고?"

유대인들은 예수님을 비난했어요. 그들은 예수님 말씀의 참뜻을 몰랐기 때문이에요. 성전은 예루살렘 성전의 건물이 아니라 예수님 몸이며, 사흘 동안에 다시 짓는다는 것은 예수님이 죽었다가 3일 만에 부활한다는 뜻이랍니다.

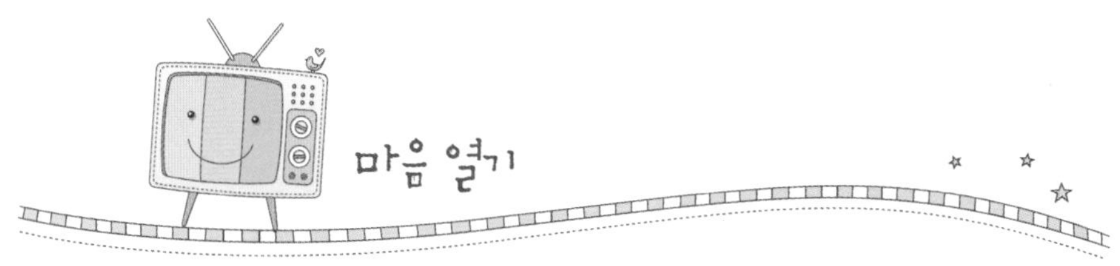

● 교회에 휴지가 떨어져 있다면 누가 먼저 주워야 할까요?

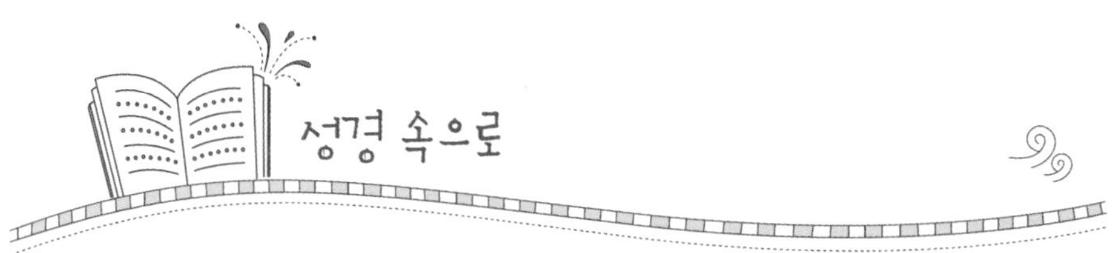

● 예수님은 성전에 가셨을 때 왜 놀라셨나요?

● 예수님께서는 성전은 무엇을 하는 곳이라고 하셨나요?

● 성전을 허물면 사흘 동안에 다시 지을 것이라고 예수님께서 말씀하신 뜻은 무엇인가요?

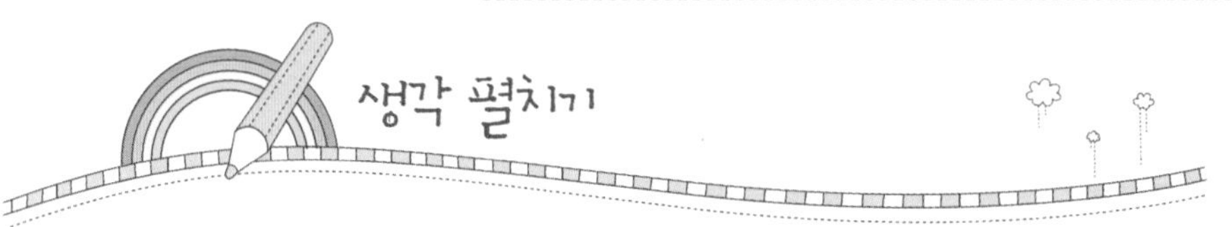

● 46년 동안 지은 건물을 헐고 사흘 동안에 다시 짓겠다고 말하는 사람을 본다면 나는 어떻게 할까요?

● 깨끗하지 못한 마음을 청소하려면 어떻게 해야 할까요?

● 내 마음을 더럽히는 것에는 어떤 것들이 있나요?

● 내 마음을 깨끗하게 하기 위해 나는 어떤 노력을 하고 있는가?

BIG - Bible in God

내 마음은 하나님이 계시는 곳이에요. 마음을 더럽히지 않도록 늘 기도하고 잘못한 일은 바로 하나님께 회개하도록 해야 해요. 깨끗한 마음으로 하나님을 만났으면 좋겠어요.

예배를 드리면서 다른 생각을 하는 것도 성전을 더럽히는 장사꾼들과 같은 것이다.

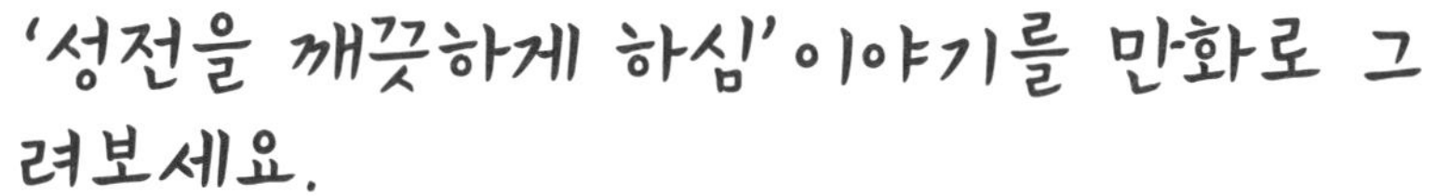

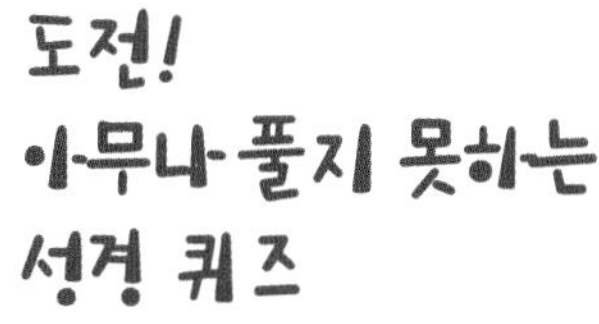

1. 이튿날 그들이 베다니에서 나왔을 때에 예수께서 (   ) 하신지라(마가복음 11:12)
2. 그들이 (   )에 지나갈 때에 무화과나무가 뿌리째 마른 것을 보고(마가복음 11:20)
   ① 점심 ② 아침 ③ 새벽 ④ 오후
3. 그러므로 내가 너희에게 말하노니, 무엇이든지 (   )하고 구하는 것은 받은 줄로 믿으라. 그리하면 너희에게 그대로 되리라(마가복음 11:24)
   ① 생각 ② 기도 ③ 먹고 싶어 ④ 말

마지막 만찬

마태복음 26:28
이것은 죄 사함을 얻게 하려고 많은 사람을 위하여 흘리는 바, 나의 피 곧 언약의 피니라

예수님은 제자들과 함께 유월절 저녁 식사를 하고 계신데, 이 세상에서 제자들과 잡수시는 마지막 식사였어요.

유월절은 기쁜 명절이지만 예수님은 제자들을 두고 가실 생각에 기쁘지만은 않으셨어요. 예수님은 떡을 떼어 축복하신 후 제자들에게 나눠주시며 말씀하셨어요.

"이것이 내 몸이니라."
또 잔에 포도주를 부어주시며 마시게 하셨어요.

"이것은 죄사함을 얻게 하려고 많은 사람을 위하여 흘리는 나의 피 곧 언약의 피니라."

그리고 대야에 물을 떠다가 제자들의 발을 씻어주셨어요. 발을 씻어주는 일은 하인들이 하는 일이었기 때문에 제자들은 어쩔 줄 몰라하며 발을 내밀었어요. 예수님은 아주 정성을 다해 제자들의 발을 씻기셨어요. 제자들의 발 씻기기를 모두 마치신 예수님이 말씀하셨어요.

"내가 너희에게 한 것처럼 너희도 서로 발을 씻어주어라. 내가 너희를 사랑한 것 같이 너희도 서로 사랑하라. 조금 있으면 너희가 나를 보지 못하겠지만 곧 다시 보게 될 것이다. 나는 아버지께로부터 세상에 왔다가 다시 아버지께로 돌아간다."

예수님은 곧 십자가에 돌아가실 것을 말씀하셨으나 제자들은 깨닫지 못했어요.

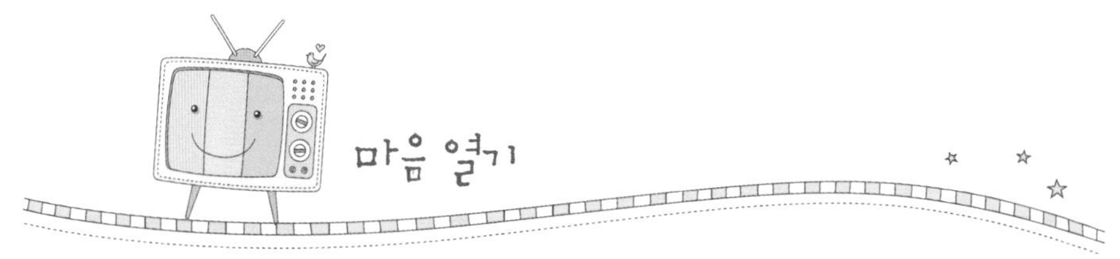

● 이 세상에서 마지막으로 음식을 먹는다면 어떤 생각이 들까요?

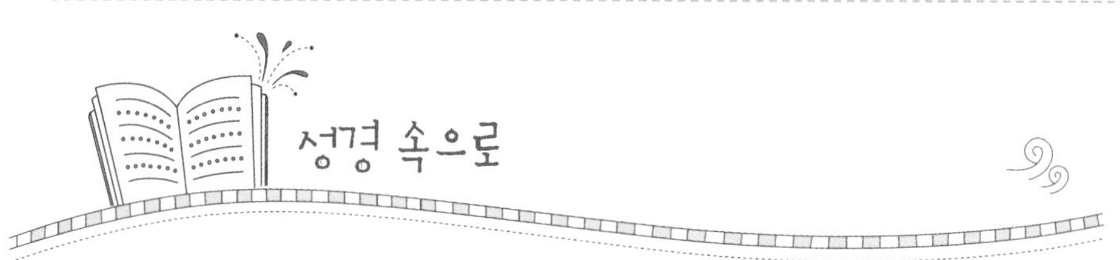

● 예수님이 제자들에게 떡을 주시면서 하신 말씀은?

● 예수님이 제자들에게 포도주를 주시면서 하신 말씀은?

● 예수님이 제자들의 발을 씻어주신 이유는?

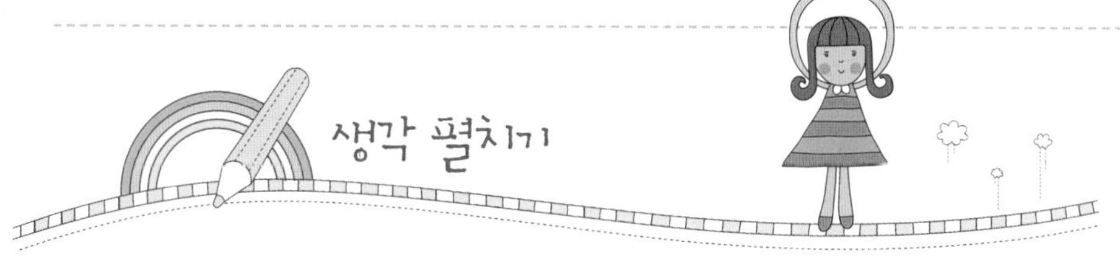

● 발은 몸에서 어떤 역할을 하나요?

● 예수님이 내 발을 씻어주신다면 어떨까요?

● 가족(엄마 아빠, 동생, 언니, 누나, 형) 중 한 명의 발을 씻어주세요.

● 나는 다른 사람의 발을 씻어줄 수 있나요?

BIG - Bible in God

예수님은 하나님의 아들이에요. 예수님은 왕 중의 왕이에요. 그럼에도 제자들의 발을 직접 씻어 주셨어요. 우리도 예수님처럼 다른 사람들을 섬겼으면 좋겠어요.

더럽고 냄새나는 발을 정성스럽게 씻어줄 수 있는 것이 사랑의 힘이다.

자신의 발 모양을
그려보세요.

나의 최후의 만찬에 초대하고
싶은 사람은 누구인지
그려보세요.

나는 누구의 발을 씻어주고 싶나요?
그 이유를 써주세요.

이 정도 알면 나는 성경 선생님

• 누가 발을 씻어주었을까요?

유대인들은 항상 집으로 들어가기 전에 신을 벗고 발을 씻었다. 그것은 발에 먼지가 많이 묻어 있기 때문이었다. 보통 가정에서는 집에 손님이 오면 안주인이 발을 씻어주었다. 그러나 부유한 가정에서는 하인들이 손님의 발을 씻어주었다.

도망가는 제자들

마태복음 26:52
예수께서 이르시되, 네 칼을 도로 칼집에 꽂으라 칼을 가지는 자는 다 칼로 망하느니라

예수님께서는 겟세마네 동산에서 기도하고 계셨어요. 우리의 죄를 대신 지고 십자가에서 피 흘리는 아픔과 고통을 겪어야 했기 때문이죠. 얼마나 간절하게 기도하셨는지 얼굴에서 흐르는 땀방울이 핏방울 같이 되었어요.

"아버지, 할 수만 있다면 이 고통스러운 일을 제게서 비껴가게 해주십시오. 그러나 내 뜻대로 마시고 아버지 뜻대로 하옵소서!"

기도를 끝내고 돌아오니 제자들은 자고 있었어요. 제자들을 깨운 후 예수님께서는 다시 기도하고 오셨어요. 그때도 제자들은 여전히 자고 있었어요.

"일어나라 때가 왔도다. 나를 파는 자가 가까이 왔노라."

베드로가 깜짝 놀라 일어나보니 횃불과 함께 칼 부딪히는 소리가 요란하게 들려왔어요. 제자들이 달려갔을 때는 병사들이 예수님을 둘러싸고 있었어요. 제자들은 겁이 나서 앞으로 나서지 못했어요.

"선생님, 안녕하세요?"

예수님의 제자 가룟 유다가 예수님께 입을 맞추었어요. 입을 맞추는 것은 병사들에게 예수님을 알려주기 위해 미리 약속한 신호였지요. 그러자 병사들이 달려들어 예수님을 묶었어요. 이를 본 제자들은 슬금슬금 도망치기 시작했어요. 어떤 제자는 맨발로, 어떤 제자는 옷을 벗어던지고 허둥지둥 도망쳤어요. 결코 예수님을 배반하지 않겠다던 베드로마저 도망갔어요.

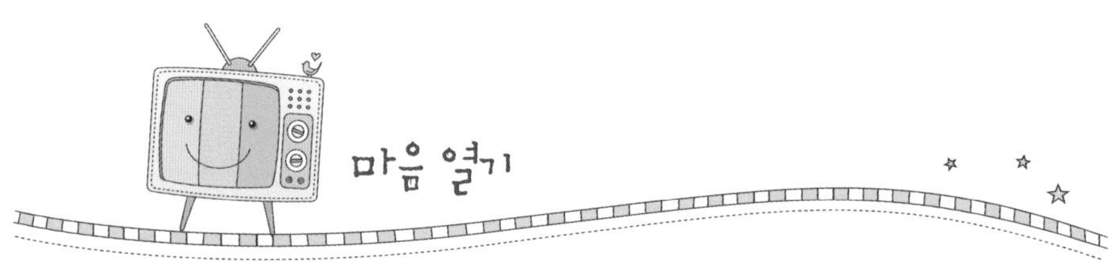

● 친구와 약속을 굳게 하고 지키지 못한 적이 있나요?

● 예수님께서 간절히 기도하실 때 땀방울이 무엇처럼 되었나요?

● 예수님께서 기도하실 때 제자들은 무엇을 하고 있었나요?

● 가룟 유다는 왜 예수님께 입을 맞추었나요?

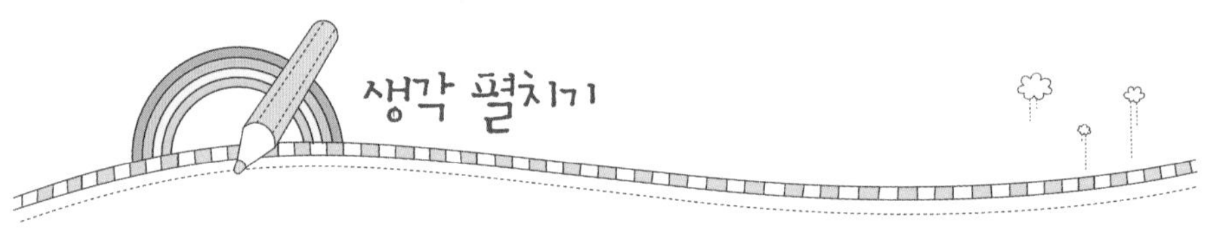

● 거짓말을 하거나 다른 친구들을 속일 때, 마음이 어떤가요?

● 기도하다가 나도 모르게 졸고 나면 어떤 생각이 드나요?

● 내 앞에서 예수님이 잡혀가시는 것을 본다면 어떻게 할 것인지요?

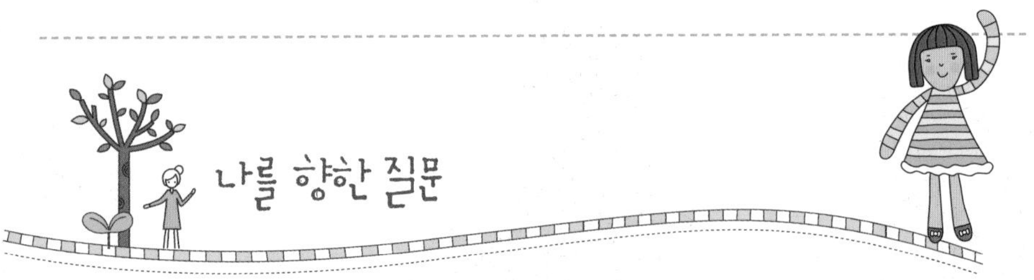

● 나는 예수님의 고난의 십자가도 함께 질 수 있는가?

BIG - Bible in God

제자들은 예수님이 가장 힘드실 때 함께 기도하지 않았어요. 그리고 위험한 순간이 오자 그들은 예수님을 두고 도망가기에 바빴어요. 그렇지만 예수님은 제자들을 끝까지 사랑하셨어요. 예수님은 우리의 가장 못난 부분까지도 사랑하신다는 것을 잊지 않았으면 좋겠어요.

어려운 일을 만났을 때, 누가 나의 진정한 친구인지 알 수 있게 된다.

예수님께 인사하며 입 맞추는 가룟 유다의 마음에는 어떤 짐승이 살까요? 그려보세요.

고통을 그림으로 나타내보세요.

약속을 배신하는 마음을 그림으로 나타내보세요.

도전! 아무나 풀지 못하는 성경 퀴즈

1. 그러나 내가 살아난 후에 너희보다 먼저 (　　　　)로 가리라 (마태복음 26:32)
   ① 서울 ② 갈릴리 ③ 예루살렘 ④ 학교
2. 그러므로 오늘날까지 그 밭을 (　　　　)이라 일컫느니라 (마태복음 27:8)
   ① 채소밭 ② 피밭 ③ 옥수수밭 ④ 콩밭

21과 베드로의 통곡

마태복음 26:75
베드로가 예수의 말씀에 닭 울기 전에 네가 세 번 나를 부인하리라 하심이 생각나서 밖에 나가서 심히 통곡하니라

"당신도 갈릴리 사람 예수와 함께 있었지?"
베드로에게 한 여종이 손가락질을 하며 말했어요.

"네가 무슨 말을 하는지 나는 모르겠구나!"
베드로는 시치미를 뗐어요. 그런데 조금 뒤에 다른 종이 말했어요. "이 사람이 나사렛 예수와 함께 있는 것을 내가 보았어요." 놀란 베드로는 하늘을 가리키며 말했어요.
"하나님께 맹세하오. 나는 결코 그런 자를 알지 못하오!"

그때 또 다른 사람이 베드로를 붙잡으며 말했어요. "틀림없이 당신은 예수와 한패거리야, 맞지?"
베드로는 눈앞이 캄캄했어요. 만약에 잡히면 모진 고문을 당하게 될 거예요.
"아니오! 나는 모르는 사람이오!" 그때 닭이 울었고 베드로는 그 자리에 털썩 주저앉아 통곡했어요.
예수님께서 떡과 포도주를 나눠주시며 하신 말씀이 생각났어요.
"오늘 밤에 너희가 다 나를 버릴 것이다." 베드로는 제자들이 예수님을 버린다는 말에 화가 났어요.

"다 주를 버려도 저만은 결코 버리지 않겠어요!"
"오늘밤 닭이 울기 전에 네가 나를 세 번 모른다고 할 것이다." 예수님의 말씀에 베드로는 주먹을 불끈 쥐며 큰소리쳤어요. "차라리 죽을지언정 절대로 주님을 모른다고 하지 않을 거예요."
예수님을 부인한 것을 깨달은 베드로는 가슴을 치며 통곡했어요.

No!

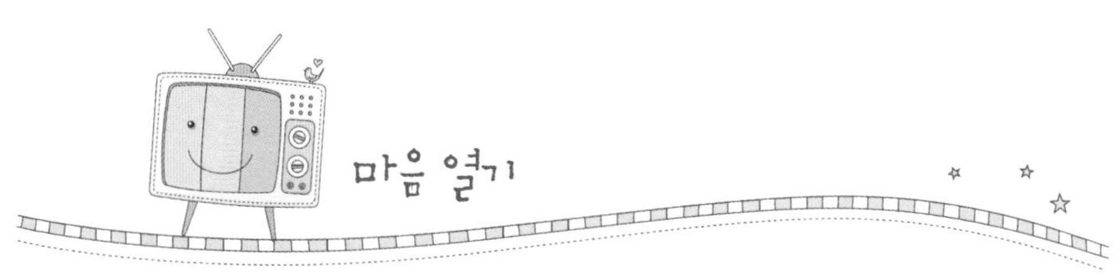

● 닭은 왜 새벽에 울까요?

● 베드로는 몇 번 예수님을 모른다고 했나요?

● 베드로는 왜 예수님을 모른다고 했나요?

● 베드로는 예수님께 어떤 약속을 했나요?

● 예수님께서 베드로가 예수님을 모른다고 하는 말을 들었다면 어떤 생각이 드셨을까요?

● 내가 베드로라면 "당신도 예수와 함께 있었지?" 하고 여종이 물을 때 어떻게 대답할까요?(그렇다고 대답하면 잡혀서 고문을 당할 거예요.)

● 부모님이나 선생님께 거짓말을 해본 적이 있나요?(어떤 내용으로)

● 목숨을 잃는다고 해도 나는 예수님을 부인하지 않을 수 있는가?

BIG - Bible in God

자기 양심을 속이는 행동은 예수님을 모른다고 하는 것과 같아요. 입으로만 예수님을 믿고 행동이 따르지 못하는 것은 죽은 믿음이에요. 예수님의 참된 제자는 말씀대로 삶 속에서 실천하며 사는 사람이랍니다.

자신의 잘못을 숨기려고 하는 것은 두 번 잘못하는 것이다.

거짓말은 어떻게 생겼을까요?
그림으로 나타내보세요.

자신의 잘못을 깨닫고 가슴을 치며 우는 베드로의 모습을 그려보세요.

닭이 우는 소리를 그림으로 나타내보세요.

이 정도 알면 나는 성경 선생님

• 유대인들은 닭을 어디에서 길렀을까?

베드로는 닭이 우는 소리를 듣고 회개했다. 이것으로 봐서 유대인들은 닭을 많이 길렀던 것 같다. 닭뿐 아니라 오리, 거위, 비둘기 등도 길렀다. 그런데 이런 동물들은 아무 곳에서나 기를 수 없었다. 닭이나 오리는 발로 땅을 파는 습성이 있어서 기르는 장소를 정했고, 땅을 파도 되는 지역을 정해주기도 했다.

고난 당하시는 예수님

마태복음 27:31
희롱을 다 한 후 홍포를 벗기고 도로 그의 옷을 입혀 십자가에 못 박으려고 끌고 나가니라

유대 종교지도자들은 예수님의 얼굴에 침을 뱉고 때리며 밤새도록 괴롭히고는 총독인 빌라도에게 끌고 가서 사형을 시키라고 요구했어요. 그러자 총독 빌라도가 예수님을 심문했어요. "네가 유대인의 왕이냐?" "네 말이 옳다."

예수님이 대답하시자 대제사장과 장로들이 말했어요.

"저런! 저 자는 하나님을 욕되게 하고 백성들을 속였소. 사형을 내려주시오!"

그러나 빌라도는 예수님에게서 아무런 죄를 발견할 수 없었지요. 당시 유대에는 유월절에 큰 죄인을 살려주는 풍습이 있었어요. 빌라도가 물었어요.

"너희는 예수와 바라바 중 누구를 놓아주기 원하느냐?" "바라바! 바라바!"

바라바는 강도짓을 해서 사형을 선고받은 사람이에요. 대제사장과 장로들은 예수님을 죽이려고 사람들에게 미리 돈을 주고 바라바를 놓아달라고 외치게 했어요.

"바라바를 놓아주고 예수를 십자가에 못 박으시오!"

백성들이 일세히 고함을 치사 빌라도는 겁이 났어요.

"바라바를 놓아주고 예수를 채찍질하여 십자가에 못 박아라!"

빌라도는 죄 없는 예수님을 십자가에 못 박도록 명령했어요. 빌라도는 자신이 벌을 받을 것이 두려워 손을 씻으며 자신은 죄가 없다고 말했어요. 그러나 빌라도의 비겁한 행동은 영원히 씻을 수 없는 죄로 남게 되었어요.

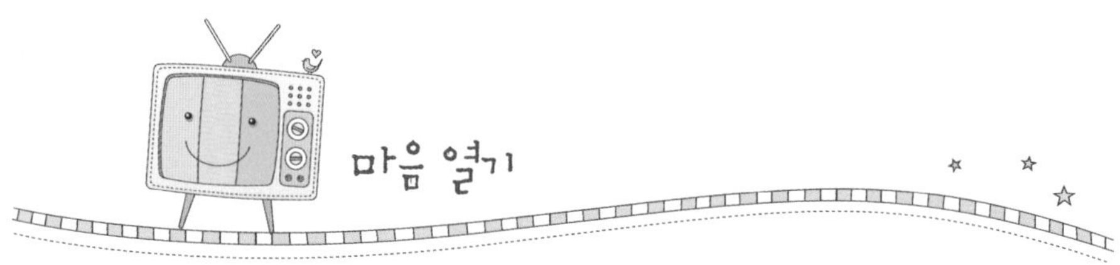

- 공부시간에 다른 아이들이 떠들었는데, 선생님이 조용히 있던 나를 야단치신다면 기분이 어떨까요?

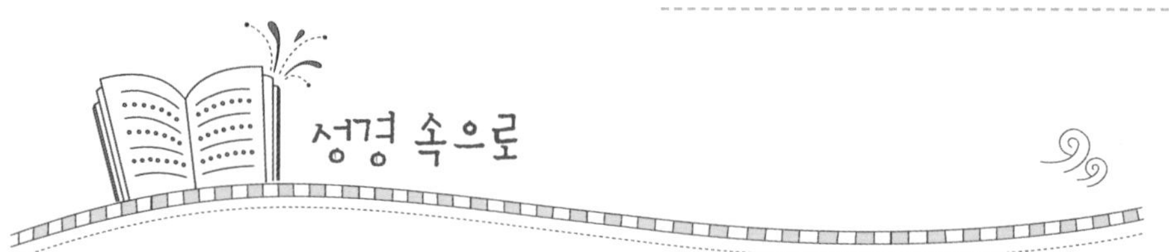

- 예수님을 잡아간 사람들은 예수님을 어떻게 괴롭혔나요?

- 당시 유월절에는 어떤 풍습이 있었나요?

- 예수님을 십자가에 못 박도록 명령한 사람은 누구인가요?

- 친구의 잘못을 나만 알고 있다면 어떻게 해야 할까요?

- 예수님을 대신하여 풀려난 바라바는 어떻게 살았을까요?

- 대제사장과 장로들이 내게 돈을 주며 바라바를 놓아달라고 외치라고 한다면 나는 어떻게 할까요?

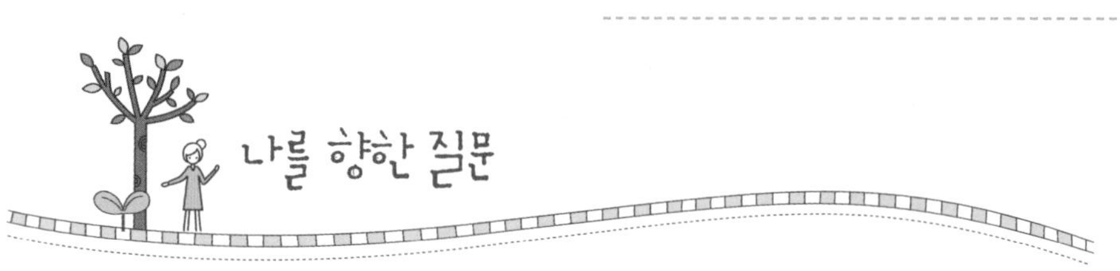

- 내가 빌라도라면 예수님에 대해서 어떻게 판결했을까?

BIG - Bible in God

영적으로 눈이 먼 유대교 지도자들은 하나님의 아들로 오신 예수님을 죄 없이 죽게 했어요. 군중들도 같은 죄를 지었어요. 빌라도는 예수님께서 죄가 없다는 것을 알면서도 비겁한 결정을 내렸어요. 예수님은 말할 수 없는 고난과 고통을 당하셨어요. 누구를 위한 것인가요?

힘들고 어려울 때에는 예수님의 십자가 고난을 생각하자.

'고난당하시는 예수님'이야기를 만화로 그려보세요.

도전!
아무나 풀지 못하는
성경 퀴즈

1. 그러나 이제부터는 인자가 하나님의 권능의 (   )에 앉아 있으라 하시니(누가복음 22:69)
   ① 앞 ② 뒤 ③ 왼쪽 ④ 우편

2. 헤롯과 빌라도가 전에는 (   )였으나 당일에 서로 (   )가 되니라(누가복음 23:12)
   ① 친구, 원수 ② 원수, 친구 ③ 부자, 거지 ④ 바보, 천재

3. 군인들이 (   )로 관을 엮어 그의 머리에 씌우고 자색 옷을 입히고(요한복음 19:2)

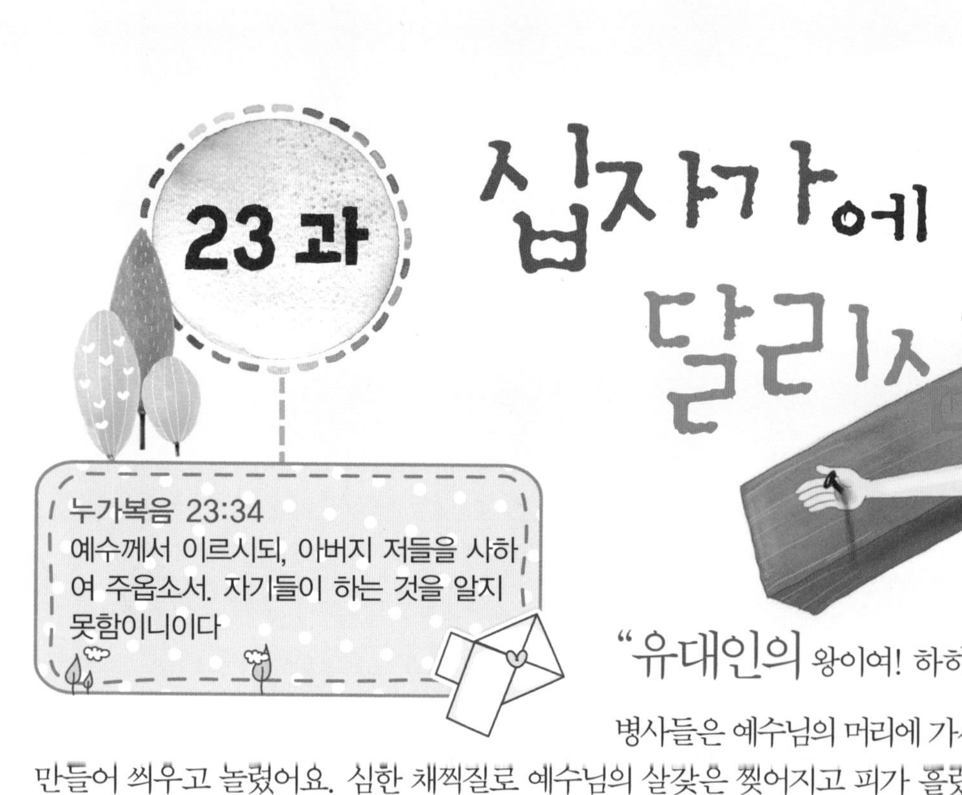

23 과 십자가에 달리심

누가복음 23:34
예수께서 이르시되, 아버지 저들을 사하여 주옵소서. 자기들이 하는 것을 알지 못함이니이다

"유대인의 왕이여! 하하하!!"

병사들은 예수님의 머리에 가시로 왕관을 만들어 씌우고 놀렸어요. 심한 채찍질로 예수님의 살갗은 찢어지고 피가 흘렀어요. 예수님은 무거운 십자가를 지고 가시다가 곧 쓰러지셨어요. 심한 고문으로 힘이 빠져서 더 이상 십자가를 질 수 없었던 것이에요.

병사들은 구경꾼 중에서 힘센 남자를 한 명 골라, 대신 십자가를 지게 했어요. 그는 구레네 마을에 사는 시몬이라는 사람이었어요. 병사들은 예수님을 골고다 언덕으로 끌고가서 십자가에 예수님을 매달고 손과 발에 큰 못을 박았어요.

피가 튀어 예수님의 온 몸을 적셨어요. 대제사장과 율법학자들은 고통스러워하시는 예수님의 모습을 보고 오히려 조롱했어요.

"네가 하나님의 아들이라면 십자가에서 내려와 봐라!"

"다른 사람은 구하면서 자기 자신은 구하지도 못하는 주제에 무슨 하나님의 아들이라고 큰소리를 치느냐?"

예수님은 고통 가운데서도 오히려 그들을 위해서 기도하셨어요.

"아버지, 저들은 자신들이 무슨 짓을 하는지 알지 못합니다. 아버지여! 저들을 용서해주세요!" 그러나 사람들은 예수님의 겉옷을 서로 가지겠다고 다투었습니다.

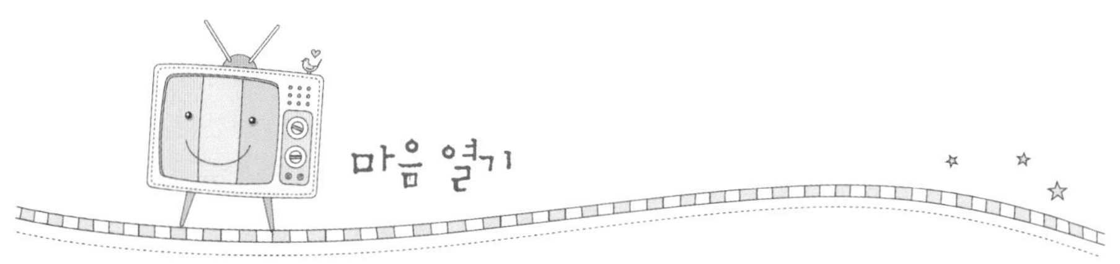

● 내 키 정도의 십자가를 지고 간다면 얼마나 갈 수 있을까요?

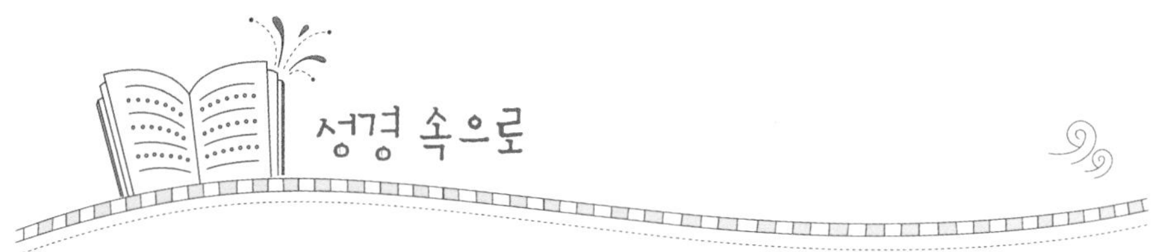

● 예수님을 대신하여 십자가를 지고 간 사람은 누구인가요?

● 예수님이 십자가에 못 박혀 달리신 언덕의 이름은 무엇인가요?

● 사람들의 조롱소리에 예수님은 뭐라고 기도하셨나요?

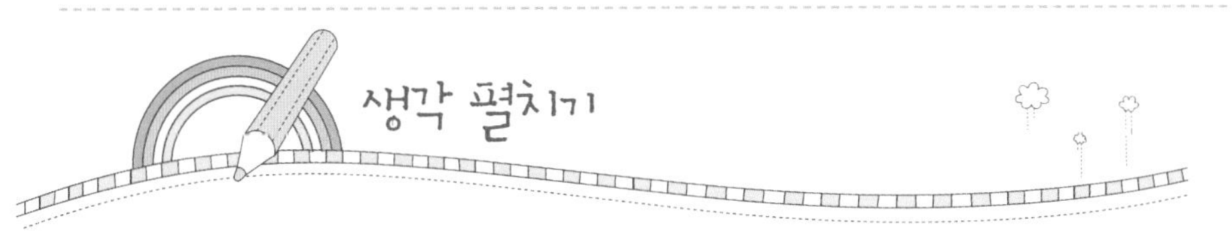

● 엄마, 아빠, 선생님께 종아리를 맞아서 피가 난 적이 있나요?(무슨 일로?)

● 예수님이 십자가를 지고 가실 때 내가 옆에 있었다면 어떻게 할까요?

● 내가 예수님 대신 십자가를 지게 되었다면 어떤 마음이 들까요?

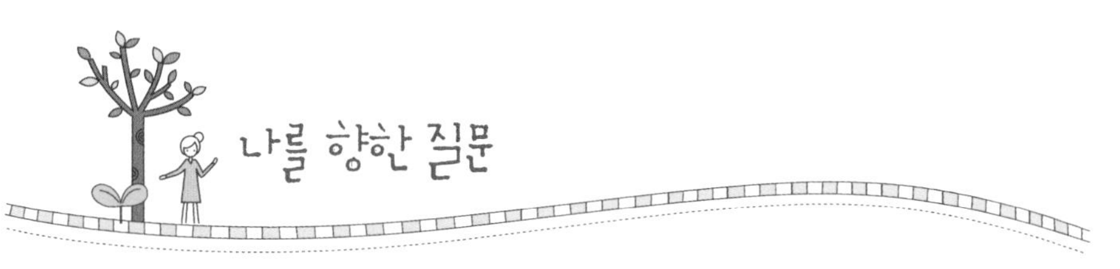

● 나는 잘못한 친구를 위해서 진심으로 용서하며 기도할 수 있는가?

BIG - Bible in God

예수님은 죽기까지 우리를 사랑하셨어요. 십자가 위에서도 자신을 못 박고 조롱하는 사람들을 위해서 기도하셨어요. 나를 미워하는 사람을 위해서 기도하고 사랑하는 것이 진정한 사랑이에요.

미워하는 친구를 위해서 기도하는 것은 예수님의 뜻이다.

십자가에 달려서 고난 당하시는 예수님의 고통을 그림으로 표현해보세요.

예수님을 조롱하는 사람들의 모습을 그려볼까요?

교회를 다니면서 어떤 어려움을 겪은 적이 있나요? 그림으로 나타내보세요.

이 정도 알면 나는 성경 선생님

• 십자가형은 어떻게 시작되었을까?

십자가형은 원래 노예들에게 내려지던 형벌이었다. 페니키아, 페르시아, 그리스에서 실시되었다. 로마는 이스라엘을 다스리기 위해서 십자가형을 이용했다. 남자 사형수는 십자가에 등을 대고 매달았고, 여자 사형수는 십자가에 얼굴을 대고 매달았다. 십자가에 달린 사람은 처절한 고통 속에서 서서히 죽어갔다.

24과 십자가에서 돌아가심

마가복음 15:37
예수께서 큰 소리를 지르시고 숨지시니라

예수님이 십자가에 달리신 지 세 시간이 지나고 한낮쯤 되자 해가 빛을 잃고 어둠이 온 땅을 덮었어요. 십자가에서 예수님이 크게 소리치셨어요.

"다 이루었도다!"

예수님은 이 말씀을 남기시고 숨을 거두셨어요. 예수님의 숨이 완전히 끊어지자, 성전의 휘장이 위에서 아래로 찢어지고, 땅이 흔들리고, 폭풍이 몰아치며, 바위가 쪼개지고 무덤이 열렸어요.

성전의 휘장이 찢어졌다는 것은 예수님의 죽음으로 말미암아 어떤 죄인이라도 하나님께 직접 나갈 수 있게 되었다는 것을 의미하는 거예요.

예수님을 지키던 로마 군사들과 이를 구경하던 많은 사람들은 두려움에 떨며 몸을 숨겼어요. 그러나 로마 군인들을 이끌고 왔던 백부장은 이 모습을 보며 고백했어요.

"이분은 진실로 하나님의 아들이셨구나!"

하나님의 아들로 이 땅에 오신 예수님은 죄인들을 구원하시려고 십자가에서 돌아가신 거예요.

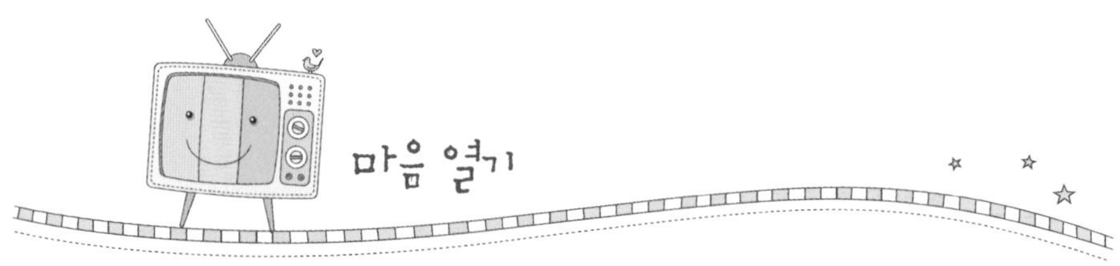

● 내가 지금 죽는다면 가족에게 무슨 말을 할까요?

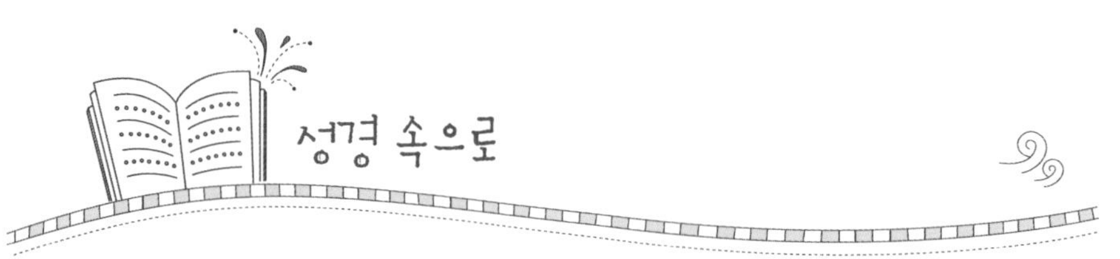

● 예수님이 십자가에서 마지막으로 하신 말씀은 무엇인가요?

● 성전의 휘장이 찢어졌다는 것은 무슨 뜻인가요?

● 로마 백부장은 어떤 고백을 했나요?

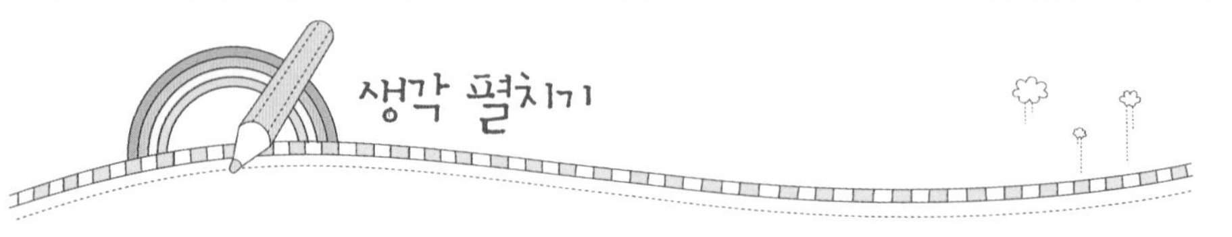

● 예수님을 하나님의 아들이라고 고백한 백부장은 뒤에 어떻게 살았을까요?

● 가족이 나를 버린다면 나는 무슨 말을 할까요?

● 내가 백부장이라면 어떤 고백을 할까요?

● 나는 예수님을 누구라고 고백하는가?

BIG - Bible in God

예수님이 십자가에 달려서 처형되는 것을 보고 유대 종교지도자들은 좋아했어요. "역시 거짓 메시아였어!" 하며 박수를 쳤을 거예요. 자신들이 승리했다고 믿었어요. 그러나 예수님의 죽음은 온 인류를 사망에서 건지는 위대한 승리였어요.

예수님의 죽음은 나를 구원하기 위한 것이다.

예수님께서 숨을 거두시자
어떤 일이 벌어졌나요? 그려보세요.

예수님에 대한 나의 고백을
그림으로 나타내보세요.

도전!
아무나 풀지 못하는
성경 퀴즈

1. 그 후에 예수께서 모든 일이 이미 이루어진 줄 아시고 성경을 응하게 하려 하사 이르시되, (　　　　　　　　　)하시니(요한복음 19:28)
2. 예수께서 큰 소리로 불러 이르시되, 아버지! 내 영혼을 (　　　　　　　　　　　　　　　) 하고 이 말씀을 하신 후 숨지시니라(누가복음 23:46)
3. '엘리 엘리 라마 사박다니' 의 뜻은 무엇인가요?(마가복음 15:34)

다시 사신 예수님

마태복음 28:6
그가 여기 계시지 않고 그의 말씀하시던 대로 살아나셨느니라

예수님을 십자가에 못 박게 한 유대인들이 빌라도 총독을 찾아가 말했어요.

"예수를 따르는 사람들이 시체를 훔쳐다가 숨기고 '다시 살아났다!'고 할 수도 있으니 군인들을 보내서 무덤을 지켜 주시오."

총독은 군인들을 보내서 예수님이 묻혀 있는 무덤을 지키도록 했어요. 이른 아침 막달라 마리아와 또 다른 마리아는 예수님의 몸에 향유를 붓기 위해 무덤으로 갔어요. 그런데 무덤을 막아 놓은 돌이 치워져 있었어요. 너무 놀란 두 사람은 무덤 안으로 들어가 예수님의 시신을 찾아보았어요.

"앗! 예수님이 없어졌다. 큰일이다!"

"흑흑…… 예수님이 사라졌어요. 어쩌면 좋아요."

마리아가 울고 있는데 천사가 물었어요. "왜 울고 있느냐?" "누군가 예수님의 시체를 가져갔어요."

"마리아야!" 마리아는 누군가 부르는 소리에 뒤를 돌아봤어요. "어? 예수님!"

마리아는 예수님의 발 아래 엎드려 울며 부활하신 예수님을 바라보았어요. 예수님께서는 말씀하신 대로 3일 만에 다시 살아나신 거예요.

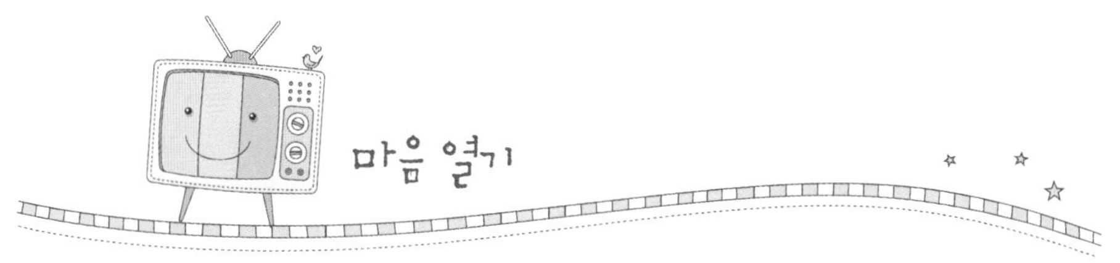

● 가족 중 한 분이 돌아가셔서 장례를 치렀는데 시체가 사라졌다면 어떤 일이 벌어질까요?

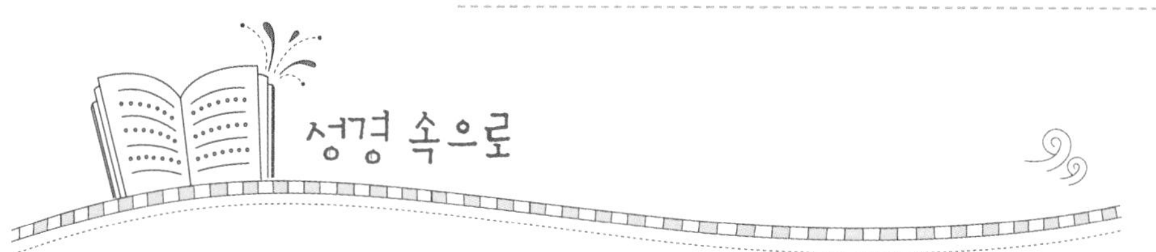

● 유대인들은 빌라도 총독을 찾아가서 무슨 부탁을 했나요?

● 예수님의 몸에 향유를 붓기 위해 무덤에 갔던 마리아는 왜 놀랐나요?

● 예수님은 며칠 만에 다시 사셨나요?

● 내가 마리아라면 부활하신 예수님을 만났을 때 어떻게 할까요?

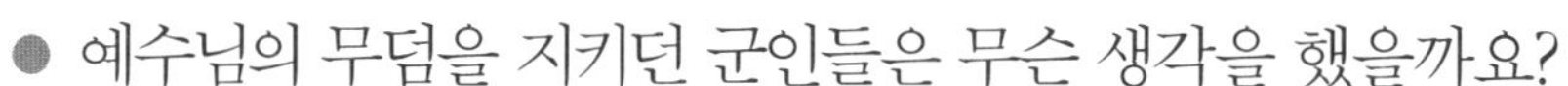

● 예수님의 무덤을 지키던 군인들은 무슨 생각을 했을까요?

● 동물들은 죽은 다음에 부활할 수 있나요?

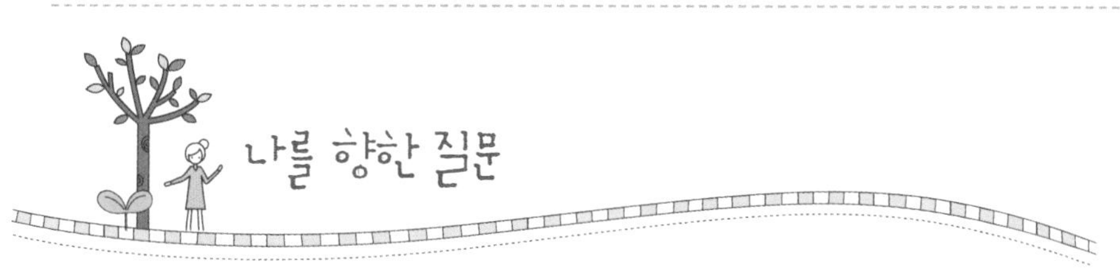

● 나는 예수님이 죽음에서 부활하신 것을 믿는가?

BIG - Bible in God

예수님의 부활을 과학적으로 설명하는 것은 어리석은 일이에요. 예수님의 부활은 과학을 뛰어넘는 신비한 것이에요. 예수님은 성경에 기록되어 있는 대로 죽으시고 부활하신 거예요.

믿음은 과학으로 설명되는 것이 아니다.

천국에서 살고 있는 내 모습을 그려보세요.

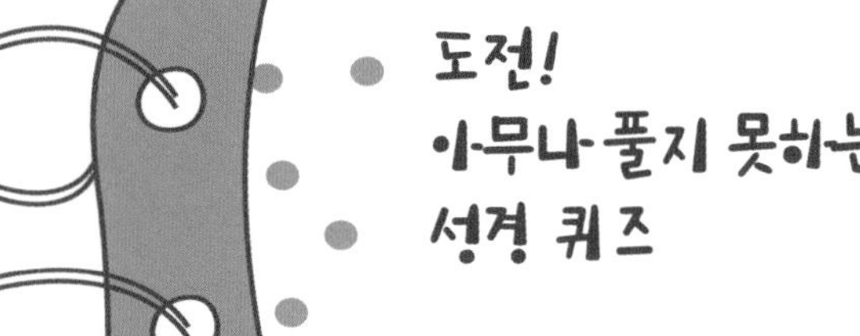

도전!
아무나 풀지 못하는
성경 퀴즈

1. ( )는 일어나 무덤에 달려가서 구부려 들여다보니 세마포만 보이는지라 그 된 일을 놀랍게 여기며 집으로 돌아가니라(누가복음 24:12)

2. 이 말씀을 하시고 손과 ( )를 보이시니 제자들이 주를 보고 기뻐하더라(요한복음 20:20)

3. 그들이 경비병과 함께 가서 돌을 인봉하고 ( )을 굳게 지키니라(마태복음 27:66)

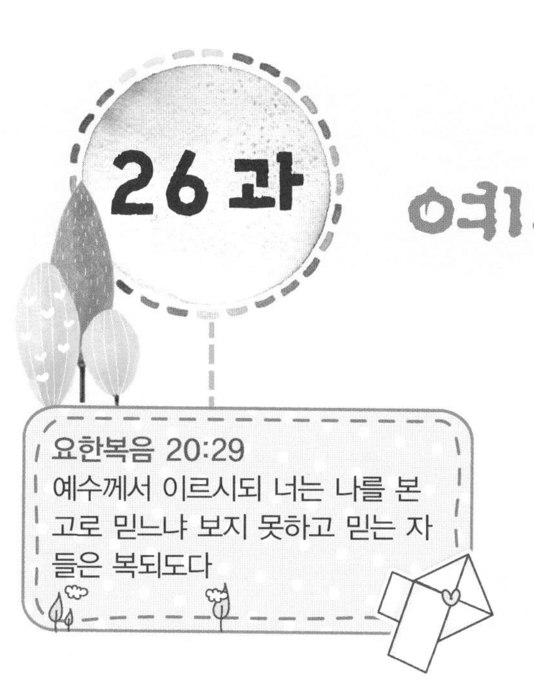

26 과 예수님을 다시 만난 제자들

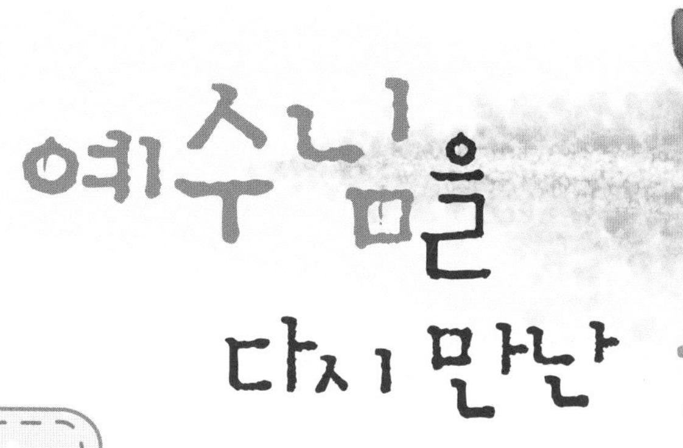

요한복음 20:29
예수께서 이르시되 너는 나를 본 고로 믿느냐 보지 못하고 믿는 자들은 복되도다

"예수님이 다시 살아나셨어요. 제가 만났어요!"

마리아는 제자들에게 소리쳤어요. 그러나 그들은 무덤에 가서 시체가 없어진 것을 보고도 믿지 않았어요. 제자들은 문을 꼭꼭 걸어 잠그고 방에 숨어 있었어요.

"평강이 있을지어다!"

두려움에 떨고 있는 제자들 앞에 예수님이 나타나셨어요. 그리고 손에 있는 못자국과 창에 찔린 옆구리를 보여주셨어요. 자기 눈으로 보지 않으면 절대로 믿지 못하겠다는 도마 앞에 예수님이 다시 나타나 똑같이 하셨어요. 엠마오라는 마을에서는 제자들 중 두 명과 함께 음식도 잡수셨어요.

그때 베드로는 몇 명의 제자들과 함께 고기를 잡고 있었는데 밤새도록 고기를 한 마리도 잡지 못했어요. 새벽이 되었을 때 누군가가 말했어요.

"그물을 배 오른쪽으로 던져라!"

제자들은 말씀대로 했어요. 그랬더니 그물을 들어 올리지 못할 만큼 많은 고기가 잡혔어요. 그제서야 제자들은 목소리의 주인공이 예수님인 줄 알았어요.

베드로는 옷을 벗어던지고 물에 뛰어들어 예수님께로 갔어요. 제자들이 배에서 내렸을 때 예수님은 불을 피워 생선을 구워 허기진 제자들에게 나눠주셨어요. 베드로에게는

"네가 나를 사랑하느냐?"고 물으시고 "내 양을 먹여라!" 라는 말씀도 하셨어요.

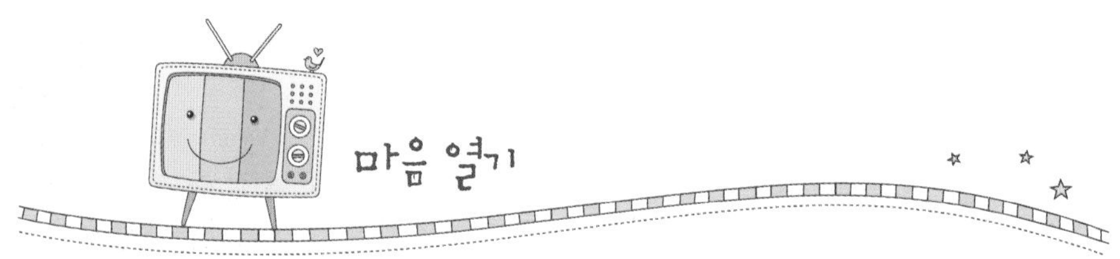

● 죽었던 사람이 살아나서 내 앞에 나타난다면 어떻게 할까요?

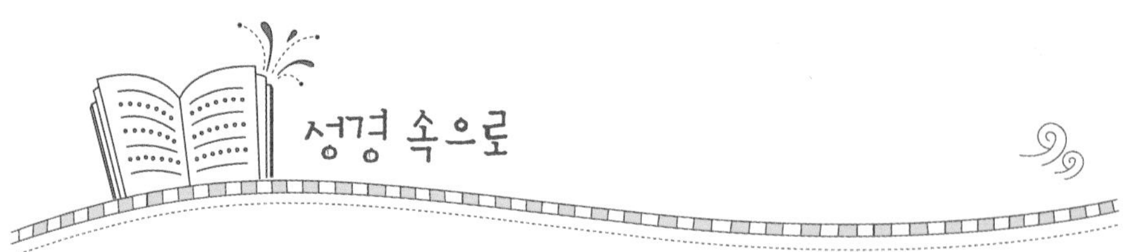

● 부활하신 예수님이 제자들에게 무슨 말씀을 하셨나요?

● 도마는 예수님의 부활을 어떻게 해야 믿겠다고 했나요?

● 옷을 벗어던지고 물에 뛰어들어 예수님께로 간 사람은 누구인가요?

● 예수님이 내게 손의 못자국과 창에 찔린 옆구리를 보여주신다면 어떻게 할까요?

● 내가 바다에서 고기를 잡고 있는데 누군지 모르는 사람이 "그물을 배 오른쪽에 던져라." 하고 말한다면 어떻게 할까요?

● 내가 예수님을 베드로처럼 부인했는데 예수님께서 생선을 구워 놓고 나를 부르신다면 어떻게 할까요?

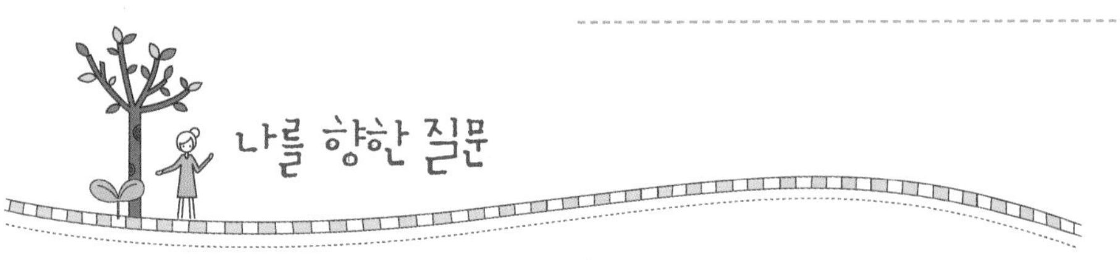

● 나는 예수님의 손에 못자국을 보지 않고도 예수님의 부활을 믿는가?

BIG - Bible in God

예수님의 부활은 마술을 부린 것이 아니에요. 죽었던 예수님의 몸이 다시 살아나신, 실제로 있었던 일이에요. 예수님은 부활하신 후, 40일 동안 열한 번 나타나셨고 갈릴리 산 위에서는 500여 명의 사람들 앞에 나타나셨어요.

성경을 믿지 못하면 예수님이 다시 나타나도 믿지 못할 것이다.

예수님이 생선을 구울 때 나는 냄새를 그려보세요.

지금 예수님을 만난다면 어디를 함께 가고 싶은가요? 그림으로 그려보세요.

지금 예수님을 만난다면 함께 먹고 싶은 음식은 무엇인가요? 그려보세요.

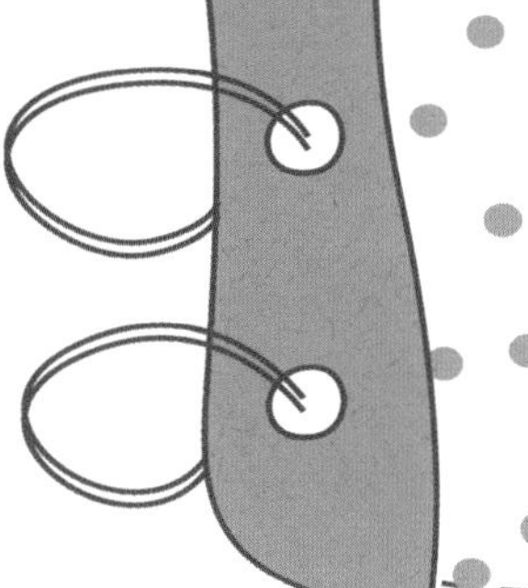

도전! 아무나 풀지 못하는 성경 퀴즈

1. 그러므로 너희는 가서 모든 민족을 제자로 삼아 (　　　)와 (　　)과 (　　)의 이름으로 세례를 베풀고(마태복음 28:19)
   ① 할아버지, 아버지, 아들　② 할머니, 어머니, 딸
   ③ 아버지, 아들, 성령　④ 친구, 선생님, 가족
2. 너희는 온 천하에 다니며 만민에게 (　　　　)을 전파하라(마가복음 16:15)
3. 너희는 이 모든 일의 (　　　　　)이라(누가복음 24:48)

예수님 이야기 2를 정리해 봐요

1. 회당장 야이로의 딸은 몇 살인가요?
2. 오병이어는 보리떡 다섯 개와 물고기 몇 마리를 뜻하나요?
3. 베드로는 예수님을 살아 계신 하나님의 무엇이라고 고백했나요?
4. 강도 만난 사람을 도와준 사람은 누구인가요?
5. 구원은 사람의 힘으로 얻을 수 있나요?
6. 나사로는 죽은 지 며칠 만에 다시 살아났나요?
7. 유산을 미리 달라고 한 아들은 첫째인가요? 둘째인가요?
8. 부잣집 앞에 살던 거지는 누구인가요?
9. 예수님은 어린아이들을 어른보다 덜 사랑하시나요?
10. 포도원 주인은 아침 일찍 온 일꾼과 늦게 온 일꾼에게 품삯을 어떻게 주었나요?
11. 맹인 바디메오는 예수님을 어떻게 불렀나요?
12. 삭개오는 재산의 절반을 팔아서 어떻게 하겠다고 했나요?
13. 한 달란트 받은 종은 그 달란트를 어떻게 했나요?
14. 예수님의 발에 향유를 부은 여자는 누구인가요?
15. 예수님은 예루살렘으로 가실 때 무엇을 타고 가셨나요?
16. 예수님은 예루살렘 성전을 며칠 만에 다시 짓는다고 하셨나요?
17. 예수님이 제자들과 마지막 만찬을 한 날은 무슨 날이었나요?
18. 대제사장들에게 예수님을 판 제자는 누구인가요?
19. 예수님을 세 번 부인한 제자는 누구인가요?
20. 예수님은 며칠 만에 다시 살아나셨나요?

21. 예수님께서 "네가 나를 사랑하느냐?"고 물었던 제자는 누구인가요?

22. 마리아는 예수님의 몸에 무엇을 붓기 위해 무덤으로 갔나요?

23. 예수님이 돌아가시자 성전의 무엇이 찢어졌나요?

24. 예수님을 대신해서 십자가를 지고 간 사람은 누구인가요?

25. 유월절에 풀려난 죄인은 누구인가요?

26. 베드로는 예수님을 몇 번 부인했나요?

27. 겟세마네 동산에서 예수님이 기도하실 때 제자들은 무엇을 하고 있었나요?

28. 예수님은 성전에서 장사하는 사람들을 향해서 무슨 말씀을 하셨나요?

29. 길에 나뭇가지를 펴는 것은 어떤 풍습인가요?

30. 유대인들은 사람이 죽으면 몸에 무엇을 발랐나요?

31. 삭개오는 예수님을 보기 위해 어디로 올라갔나요?

32. 누가 맹인 바디메오의 눈을 뜨게 했나요?

33. 하나님은 회개가 필요 없는 99명보다 회개하는 몇 명을 더 기뻐하시나요?

34. 나사로는 어디에 살고 있었나요?

35. 부자 청년은 어떤 계명을 지켰나요?

36. 강도 만난 사람을 그냥 지나친 사람들은 누구인가요?

37. 바리새인들은 간음한 여자를 예수님께 왜 데려왔나요?

38. 바알의 선지자와 싸워서 이긴 사람은 누구인가요?

39. 바닷물 위를 걷다가 물에 빠진 제자는 누구인가요?

40. 오병이어로 5천 명이 먹고 남은 것은 몇 광주리인가요?

예수님 께서 사셨을 때의 사람들은 어떻게 살았을까?

- 집은 어떻게 생겼을까? 집의 구조는 단순했다. 두 개의 창문이 있었고 방바닥은 깨끗하지 못했다. 지붕은 평평했는데 여름에는 잠을 자기도 하고, 곡식을 말리거나, 기도하는 장소로도 이용했다.
- 손님 대접은 어떻게 했을까? 낯선 사람이 방문해도 먹이고 재웠으며, 필요하면 옷도 주었다. 집주인은 손님을 언제나 친절하게 대접했다.
- 무엇을 먹고 살았을까? 주로 먹던 음식은 물고기, 꿀, 무화과 열매, 올리브, 메뚜기, 우유, 달걀, 대추야자, 닭, 거위, 사슴, 소금, 양파, 부추, 마늘, 상추, 오이, 콩, 포도주, 아몬드, 석류, 밀, 호밀, 보리, 겨자 등이었다.
- 무엇을 마셨을까? 포도주는 가장 많이 먹던 음료였다. 포도를 따서 틀에 넣고 맨발로 밟아서 즙을 만들었다. 포도즙을 항아리나 염소 가죽 부대에 넣었다.
- 어떤 연료를 사용했을까? 주로 마당에서 음식을 만들었는데 나무가 부족해서 말린 풀이나 말린 거름을 연료로 썼다.
- 예수님은 수염을 길렀을까? 예수님이 수염을 길게 길렀는지 아닌지에 대해서는 확실하게 알 수 없다. 다만 그 시대에 사람들이 수염을 길렀던 것으로 봐서 예수님도 수염을 길렀을 것이라고 추측해볼 수는 있다.
- 할례받을 때는 칼을 썼을까? 유대인들은 남자 아이가 태어나면 8일째 되는 날 할례를 받았다. 구약시대에는 돌칼을 사용했지만 예수님 시대에는 금속칼이 사용되었다.
- 어떤 신을 신었을까? 주로 샌들을 신었는데 야자껍질, 골풀, 가죽으로 만들었다.
- 립스틱도 발랐을까? 이 시대 사람들은 화장품 사용을 즐기지 않았다. 간혹 여자들은 립스틱을 칠하고 손톱과 발톱에 색칠을 하기도 하고 눈썹을 그리기도 했다.
- 이름은 어떻게 지었을까? 일반적으로 성을 물려받지는 않았으나, 사람을 구분하기 위해 아리마대 요셉, 다소 바울처럼 부가적인 단어를 붙였다.

만화로 보는 예수님 이야기 2

1

아함~~
잘 잤다~~

저런!
저건 마술이야!

야이로의 딸이 살아났어요.

2

보리떡 다섯 개와 물고기 두 마리로 다 배불리 먹고 열두 광주리나 남았어요.

3

의심한 베드로는 바닷물에 빠졌어요.

4

베드로는 예수님을 하나님의 아들이라고 고백했어요.

5

간음한 여자가 잡혀왔어요.

6

강도 만난 사람을 사마리아 사람이 구해 줬어요.

7

청년은 재물이 많아 고민했어요.

8

죽었던 나사로가 살아났어요.

9

집을 나갔던 둘째 아들이 돌아왔어요.

10

욕심 많은 부자는 죽어서 지옥에 갔어요.

11

예수님은 모든 아이들을 사랑하셔요.

12

늦게 온 사람들도 품삯을 똑같이 받았어요.

13

맹인 바디메오가 눈을 떴어요.

14

삭개오가 구원을 받았어요.

15

게으른 종은 달란트를 땅에 파묻어 두었어요.

16

마리아가 향유로 예수님의 발을 씻겨드렸어요.

17

예수님은 나귀를 타고 예루살렘으로 가셨어요.

성전은 기도하는 곳이에요.

제자들은 예수님을 버리고 도망갔어요.

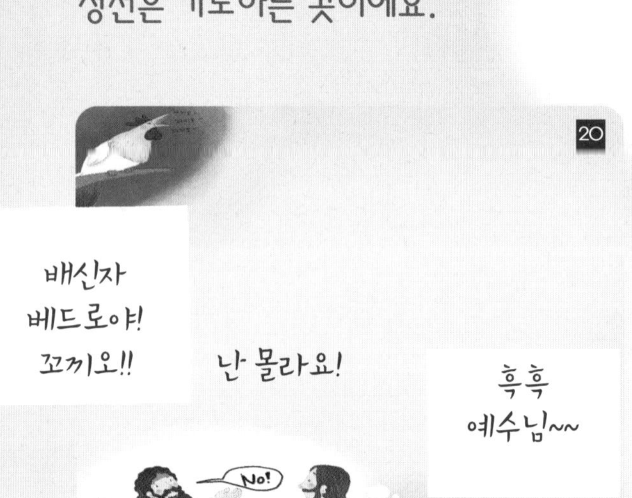

닭울음소리에 베드로는 자신의 잘못을 뉘우쳤어요.

예수님은 나를 위해서 십자가에서 돌아가셨어요.

예수님이 3일 만에 부활하셨어요.

부활하신 예수님이 제자들을 다시 만나셨어요.

기억력을 높여주는

성경암송카드 활용법

: 암송카드 만들기

1. 점선을 따라 가위로 그림을 오려냅니다.
2. 펀치로 구멍을 냅니다.
3. 그림 26개를 모아 고리를 끼워줍니다.

: 사용법

1. 카드에 그림을 보여주며 "이게 무슨 내용이지?" 하고 물어봅니다.
2. 뒷면에 있는 말씀을 외우게 합니다.
3. 제목과 요절말씀을 같이 외웁니다.
4. 첫 주에는 1과 요절만 외우도록 합니다.
5. 2주째는 1과 요절과 2과 요절을 같이 외우도록 합니다.
6. 3주째는 1과, 2과, 3과 요절을 같이 외웁니다.
7. 26과를 공부할 때는 26과 요절을 모두 외웁니다.

: 특징과 효과

1. 이미지 연상법으로 요절을 외우게 되어 기억이 오래갑니다.
2. 반복훈련을 통해 뇌의 기억력이 증진됩니다.
3. 영어 단어 외우기도 이런 방법을 따르면 효과가 매우 좋습니다.

: 만화가가 되어보세요

맨 뒷장의 '나도 만화가' 코너에는 어린이 여러분들이 직접 만화를 그릴 수 있습니다.
재미있는 만화와 이야기로 꾸며보세요.

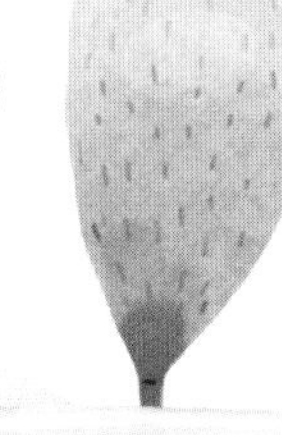

2 과

오병이어

다 배불리 먹고 남은 조각을 열두 바구니에 차게 거두었으며(마태복음 14:20)

They all ate as much as they wanted, and afterward, the disciples picked up twelve baskets of leftovers.

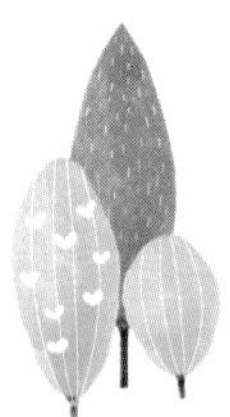

1 과

아이야, 일어나라

예수께서 아이의 손을 잡고 불러 이르시되 아이야 일어나라 하시니(누가복음 8:54)

But he took her by the hand and said, My child, get up!

4 과

베드로의 고백

주는 그리스도시오, 살아 계신 하나님의
아들이시니이다(마태복음 16:16)

Simon Peter answered,
“You are the Messiah, the Son of
the living God.”

3 과

물에 빠진 베드로

예수께서 즉시 이르시되, 안심하라.
나니 두려워하지 말라(마태복음 14:27)

But Jesus spoke to them at once.
“Don’t be afraid,” he said.
“Take courage. I am here!”

6 과

우리의 이웃은 누구인가?

네 마음을 다하며 목숨을 다하며 힘을 다하며
뜻을 다하여 주 너의 하나님을 사랑하고
또한 네 이웃을 네 자신 같이
사랑하라(누가복음 10:27)

You must love the Lord your God
with all your heart, all your soul,
all your strength, and all your mind.
And, Love your neighbor as yourself.

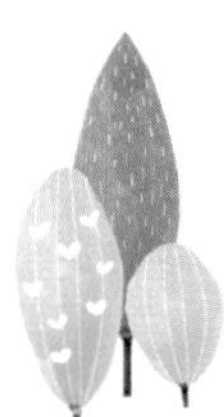

5 과

죄 없는 자가 먼저 쳐라

일어나 이르시되, 너희 중에 죄 없는 자가
먼저 돌로 치라 하시고(요한복음 8:7)

They kept demanding an answer,
so he stood up again and said,
“All right, but let the one who has never
sinned throw the first stone!”

8 과

죽은 나사로가 살아나다

나는 부활이요 생명이니, 나를 믿는 자는 죽어도 살겠고 무릇 살아서 나를 믿는 자는 영원히 죽지 아니하리니(요한복음 11:25)

I am the resurrection and the life. Anyone who believes in me will live, even after dying.

7 과

부자가 천국 가는 길

예수께서 그들을 보시며 이르시되, 사람으로는 할 수 없으나 하나님으로서는 다 하실 수 있느니라(마태복음 19:26)

Jesus looked at them intently and said, "Humanly speaking, it is impossible. But with God everything is possible."

10 과

부자와 나사로

모세와 선지자들에게 듣지 아니하면 비록 죽은 자 가운데서 살아나는 자가 있을지라도 권함을 받지 아니하리라(누가복음 16:31)

If they won't listen to Moses and the prophets, they won't listen even if someone rises from the dead.

9 과

돌아온 아들

죄인 한 사람이 회개하면 하나님의 사자들 앞에 기쁨이 되느니라(누가복음 15:10)

In the same way, there is joy in the presence of God's angels when even one sinner repents.

12과

포도원 품꾼 이야기

나중 된 자로서 먼저 되고 먼저 된 자로서
나중 되리라(마태복음 20:16)

So those who are last now will be first then, and those who are first will be last.

11과

어린아이를 사랑하시는 예수님

예수께서 이르시되, 어린 아이들을 용납하고
내게 오는 것을 금하지 말라 천국이 이런
사람의 것이니라(마태복음 19:14)

But Jesus said, "Let the children come to me. Don't stop them! For the Kingdom of Heaven belongs to those who are like these children."

14과

구원받은 삭개오

인자가 온 것은 잃어버린 자를 찾아
구원하려 함이니라(누가복음 19:10)

For the Son of Man came to seek and save those who are lost.

13과

눈을 뜬 바디메오

예수께서 그에게 이르시되, 보라 네 믿음이 너를
구원하였느니라(누가복음 18:42)

And Jesus said, "All right, receive your sight! Your faith has healed you."

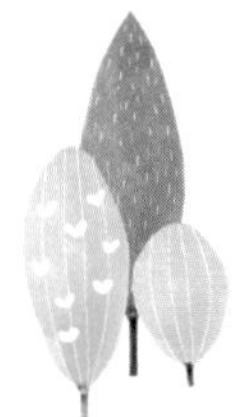

16과

예수님 발에 향유를 부은 마리아

그는 힘을 다하여 내 몸에 향유를 부어 내 장례를 미리 준비하였느니라(마가복음 14:8)

She has done what she could and has anointed my body for burial ahead of time.

15과

착한 종과 게으른 종

착하고 충성된 종아, 네가 적은 일에 충성하였으매 내가 많은 것을 네게 맡기리니, 네 주인의 즐거움에 참여할지어다 (마태복음 25:23)

Well done, good and faithful servant! You have been faithful with a few things; I will put you in charge of many things. Come and share your master's happiness!

18과

성전을 깨끗하게 하심

내 집은 만민이 기도하는 집이라(마가복음 11:17)

My house will be called a house of prayer for all nations.

17과

나귀를 타신 예수님

호산나 찬송하리로다. 주의 이름으로 오시는 이 곧 이스라엘의 왕이시여(요한복음 12:13)

Blessings on the one who comes in the name of the Lord! Hail to the King of Israel!

No!

20과

도망가는 제자들

예수께서 이르시되, 네 칼을 도로 칼집에
꽂으라. 칼을 가지는 자는 다 칼로
망하느니라(마태복음 26:52)

"Put away your sword," Jesus told him.
"Those who use the sword will die
by the sword."

19과

마지막 만찬

이것은 죄 사함을 얻게 하려고
많은 사람을 위하여 흘리는 바,
나의 피 곧 언약의 피니라(마태복음 26:28)

This is my blood of the covenant,
which is poured out for many
for the forgiveness of sins.

22과

고난당하시는 예수님

희롱을 다 한 후 홍포를 벗기고 도로
그의 옷을 입혀 십자가에 못 박으려고
끌고 나가니라(마태복음 27:31)

After they had mocked him,
they took off the robe and put his
own clothes on him. Then they led him
away to crucify him.

21과

베드로의 통곡

베드로가 예수의 말씀에 닭 울기 전에
네가 세 번 나를 부인하리라 하심이 생각나서
밖에 나가서 심히 통곡하니라(마태복음 26:75)

Then Peter remembered the word
Jesus had spoken: "Before the rooster
crows, you will disown me three times."
And he went outside and wept bitterly.

INRI

24과

십자가에서 돌아가심

예수께서 큰 소리를 지르시고
숨지시니라(마가복음 15:37)

With a loud cry, Jesus breathed his last.

23과

십자가에 달리심

예수께서 이르시되, 아버지 저들을 사하여
주옵소서. 자기들이 하는 것을
알지 못함이니이다(누가복음 23:34)

Jesus said, "Father, forgive them,
for they don't know what they are doing."

26과

예수님을 다시 만난 제자들

예수께서 이르시되, 너는 나를 본 고로 믿느냐
보지 못하고 믿는 자들은 복되도다
(요한복음 20:29)

Then Jesus told him,
"You believe because you have seen me.
Blessed are those who believe
without seeing me."

25과

다시 사신 예수님

그가 여기 계시지 않고 그의 말씀하시던
대로 살아나셨느니라(마태복음 28:6)

He isn't here! He is risen from the dead,
just as he said would happen.

제목으로 정리하는 신약 2

1과 일어나라

2과 오병

3과 물에 빠진

4과 의 고백

5과 없는 자가 먼저 치라

6과 우리의 은 누구인가?

7과 부자가 가는 길

8과 죽은 가 살아나다.

9과 돌아온

10과 부자와

11과 어린아이를 사랑하시는

12과 품꾼 이야기

13과 을 뜬 바디메오

14과 구원 받은

15과 착한 과 게으른 종

16과 예수님 발에 향유를 부은

17과 를 타신 예수님

18과 을 깨끗케 하심

19과 마지막

20과 도망가는 들

21과 의 통곡

22과 당하시는 예수님

23과 에 달리심

24과 에서 돌아가심

25과 사신 예수님

26과 예수님을 다시 만난 들

수료증

이름 :

위 어린이는 꼭꼭 씹어 먹는 성경 신약2의 과정을 성실하게 마쳐 성경 실력이 쑥쑥 자랐으므로 이에 칭찬하고 수료증을 드립니다.

어려서부터 성경을 알았나니 성경은 능히 너로 하여금
그리스도 예수 안에 있는 믿음으로 말미암아
구원에 이르는 지혜가 있게 하느니라(디모데후서 3:15)

______________ 교회 주일학교